Transporte marítimo de mercancías

Los elementos clave, los contratos y los seguros

Rosa Romero
Alfons Esteve

Con la colaboración de:

www.logisnet.com

A mi pequeño filósofo, Oscar,
a mi dulce elfa, Martina,
y al amor incondicional de mi madre.

Rosa Romero

A mis padres, que me han enseñado
que siempre quedan mares por surcar.

Alfons Esteve

Colección: Biblioteca de logística
Director: David Soler

Transporte marítimo de mercancías.
Los elementos clave, los contratos
y los seguros
1.ª edición, 2017

© 2017, Rosa Romero, Alfons Esteve
© de esta edición, incluido el diseño de la
 cubierta, ICG Marge, SL
Imagen de cubierta: StockStudio, ShutterStock

Edita: Marge Books
València, 558 – 08026 Barcelona
Tel. 931 429 486 - marge@margebooks.com
www.margebooks.com

Gestión editorial: Hèctor Soler
Edición: Alba Megías, Cristina Torres
Compaginación: Mercedes Lara
Impresión: Prodigitalk, SL (Martorell, Barcelona)

ISBN: 978-84-16171-86-6
Depósito Legal: B 14642-2017

*Procedencia de las ilustraciónes
(según el número de figura)*
Archivos de los autores y:

Autoritat Portuària de Tarragona, 1.1, 4.4
Bernard Spragg. NZ, 1.4, 3.2, 4.2, 5.2
Boluda CM, 3.9
Cargo Restraint, 7.1
David Teruel Massot, 6.2, 3.6
ECT, 5.3
MSC, 3.4
Paul Townsend, 8.1
RH Shipping, 6.1
Rich Young, 5.1
Seong-Woo Seo, 3.3
Shipphotos.es, 1.2, 2.2
Spanishshipping.com, 3.8
TCB, 2.3, 4.3

El papel empleado en este libro no ha sido blanqueado con cloro elemental (CI_2).

Índice

Los autores

Rosa Romero Serrano es licenciada en Derecho por la Universidad de Barcelona, cursó un Máster de Shipping Business en la Facultad de Náutica de la Universidad Politécnica de Catalunya, y Máster en Logística y Comercio Internacional por la Universidad Abat Oliba de Barcelona.

Ha trabajado en el campo de la investigación desde la Universidad Politécnica de Catalunya (UPC) en proyectos europeos relacionados con el transporte marítimo y la logística.

Es autora de *El transporte Marítimo,* y coautora de *Logística del transporte marítimo,* ambas obras publicadas por Marge Books, de entre otras.

En su experiencia docente ha impartido clases sobre transporte marítimo, aspectos jurídicos y operativos en: Facultad de Derecho de la Universidad de Barcelona; Fundación ICIL; másters de logística y comercio internacional (Universidad Abat Oliba, Universidad Rovira i Virgili, Universidad Autónoma de Barcelona y Universidad de Barcelona); cursos en los puertos de Barcelona y Tarragona; cámaras de comercio; cursos *in company;* y es profesora especialista en transportes por la Generalitat de Catalunya, participando como tal en los ciclos de grado superior de Gestión del Transporte y Logística, así como en los ciclos de grado superior de Comercio Internacional.

Su actividad laboral, se ha vinculado a la investigación, docencia y abogacía. Actualmente es la coordinadora del plan docente y empresa en EFPA (Escuela de Formación Profesional Avanzada, FUNDIT, en Sabadell) y colaboradora externa del despacho jurídico FFLaywers de Barcelona, como especialista en transporte y comercio internacional.

Alfons Esteve Florença es abogado, licenciado en Derecho por la Universidad de Lleida y cursó el Máster en Derecho y Negocio Marítimo en la Universidad Pontificia Comillas de Madrid (ICADE – IME). Su carrera profesional se centra en el ejercicio de la abogacía desde el 2002 en los campos de Derecho internacional privado, transporte, y procesal.

Junto con compañeros de profesión fundó en 2011 el despacho de abogados FF Lawyers, con sede en Barcelona y delegaciones en Galicia y Madrid, especializado en Derecho marítimo, logística y seguros de los transportes, llevando la dirección jurídica en procesos arbitrales internacionales relativos a compraventas y contratos logísticos. Es coordinador jurídico a escala internacional, y asesor en la consultoría Rusconex para empresas que inician sus exportaciones a Rusia.

En el campo de la docencia, imparte clases sobre seguros de transportes, transporte marítimo, y logística en *c*ámaras de comercio, el Puerto de Tarragona, la Fundación ICIL y cursos *in company,* y participa en el Máster de logística y comercio internacional de la Universidad Abat Oliba.

Periódicamente publica artículos en la revista *Indicator (Lefebvre – El Derecho)* relativos a exportación e importación, medios de pago y condiciones en los contratos de transporte, entre otros.

Capítulo 1
El transporte marítimo

1 Factores que intervienen en el transporte marítimo

El transporte marítimo es la acción de trasladar personas o cosas por mar desde un punto geográfico a otro a bordo de un buque. Asimismo, puede considerarse como el modo de transporte que utiliza el buque como medio de transporte en el segmento principal de la cadena de transporte.

La industria marítima, entendida como el conjunto de actividades que tienen lugar en el proceso que rodea al transporte marítimo, participa de factores comerciales, tecnológicos, sociales y financieros, que la transforman y marcan su curso evolutivo. Además, la naturaleza internacional del transporte marítimo conlleva el eco de estos factores a todos los continentes.

1.1 Factores naturales

En el plano comercial se producen cambios de índole natural y otros inducidos por la actividad humana. Entre los factores relacionados con la naturaleza y los recursos naturales que afectan al comercio marítimo, cabe señalar:

- **Estacionales.** Muchos productos alimenticios son propios de una determinada época del año, como por ejemplo el grano o la lana, lo que afecta al mercado de fletes. Asimismo, el cierre durante los meses de invierno de algunas zonas navegables también influye en el comercio, como ocurre con la extracción de petróleo en las áreas próximas a los polos.

- **Combustibles.** El carbón fue el principal impulsor de la industria hasta que fue sustituido por el petróleo; posteriormente jugó un papel importante la energía nuclear –hoy en proceso de substitución por energías limpias y renovables en muchos países– y aunque se ha vuelto, en algunos sectores, a la utilización del carbón, el petróleo sigue empleándose y transportándose por mar. Según esto, habrá que observar si los cambios tecnológicos venideros irán o no acompañados de nuevas demandas de recursos energéticos y, en caso afirmativo, las probabilidades de que estas sean transportadas por mar. Actualmente el gas natural licuado (compuesto por un 60% de gas natural y un 40% de refino de petróleo) aparece como una alternativa al petróleo, sin descartar el creciente interés por los hidratos de gas que se presentan como una alternativa tanto al petróleo como al gas natural licuado.

1.2   Factores derivados de la actividad humana

Como veremos hay numerosas factores que inciden en el transporte marítimo derivados de la actividad humana. Entre ellos, destacan los siguientes:

- **Industriales.** El aumento en el consumo de materias primas, como el marcado por Japón, Estados Unidos y China, por ejemplo, influye en el transporte marítimo.

- **Empresas productoras y exportadoras.** Adoptan medidas para lograr un mayor control del transporte de sus mercancías. Es el caso, por ejemplo, de algunas compañías productoras que construyen y explotan una flota propia para el transporte de sus mercancías. Por otro lado, las empresas exportadoras aprovechan algunas modalidades de contratación, como la regla Incoterms CIF (costo, seguro y flete), para designar a una determinada empresa transportista para realizar mejor el seguimiento de sus mercancías.

- **Aumento de la población.** El crecimiento de la población en determinadas zonas, asociado a la destrucción de terrenos de cultivo, ha dado lugar a un incremento de la demanda de alimentos hacia determinados lugares. El transporte marítimo ha servido como lazo conductor hacia esas zonas de demanda para satisfacer sus necesidades.

- **Organizaciones internacionales,** entre las que destacan la Organización Marítima Internacional (OMI), la Organización Internacional del Trabajo (OIT) o la Conferencia de las Naciones Unidas para el Comercio y el Desarrollo (UNCTAD), por citar algunas de las más importantes que adoptan medidas que afectan al transporte marítimo en todo el mundo. Así, por ejemplo, cuando la Federación de Transporte Internacional (ITF) exige unas condiciones mínimas de trabajo para las tripulaciones de los buques y la OIT las regula a modo de convenio internacional, todos los países cuyo pabellón se halle sometido a dicho acuerdo deberán acatarlo, lo que implica que los navieros tendrán que invertir económicamente en sus buques para que estos cumplan la normativa que se les exija.

- **Comunidades económicas.** Sus acuerdos tienen repercusiones en la actividad marítima; es lo que sucede, por ejemplo, en la Unión Europea, el Mercado Común del Sur (Mercosur), la Asociación Europea de Libre Comercio (EFTA), la Asociación Sur Asiática para la Cooperación Regional (SAARC), la Unión Aduanera de África Austral (SACU), o el Foro de las Islas del Pacífico (PIF).

- **Pasajeros.** Si bien el tráfico aéreo ha crecido notablemente, también lo ha hecho el de cruceros, aunque sin igual parangón. Por otra parte, las conexiones terrestres de mares cerrados, que se han incrementado en las últimas décadas, han reducido el transporte marítimo de pasajeros en algunas zonas.

Figura 1.1. El incremento exponencial del comercio internacional se ha sustentado en el desarrollo del transporte marítimo.

- **Transporte multimodal.** Es la coordinación de los distintos modos de transporte que se utilizan desde el punto de origen de una mercancía hasta su destino. Es particularmente útil en los tráficos regulares. Las compañías navieras son agentes en la cadena global del transporte, de manera que adaptan la fase marítima al conjunto de la cadena de abastecimiento. Con ello, se aúnan criterios operativos y se economizan costes.

- **Históricos.** Durante el último cuarto del siglo xx se produjeron cambios respecto a las relaciones coloniales tradicionales. En el momento en que las colonias se constituyeron en estados independientes, estos pasaron a intervenir en el transporte marítimo.

- **Monetarios.** Dependiendo de los movimientos especulativos de los capitales financieros, puede aumentar o disminuir la inversión en la actividad marítima.

- **Políticos.** Las restricciones políticas, que pueden ser oficiales o no, afectan a los buques que hayan firmado acuerdos comerciales con determinados países. Otros factores políticos pueden ser la discriminación de banderas por parte de la política marítima de un Estado por razones diversas (prestigio nacional, proteger una flota mercante para tráficos esenciales, emplear tripulación nacional, etc.), la captación de flota nacional, y la política fiscal o la industrial, favorable a la construcción naval o los monopolios.

- **Conflictos bélicos, inestabilidad y desacuerdos políticos.** Estos influyen en el transporte marítimo de múltiples maneras. Por ejemplo, Estados Unidos mantuvo su mercado cerrado durante una época a tres productos iraníes: caviar, pistachos y alfombras orientales; tras levantarse dicho embargo se crearon nuevas expectativas comerciales. Dichos productos se transportan hacia Estados Unidos y, en muchos casos, se escoge para su traslado el transporte marítimo, lo que implica nuevas cargas que fletar.

- **Sociales.** Los factores sociales que influyen en el transporte marítimo están fundamentalmente relacionados con la tripulación, que en las últimas décadas no sólo se ha reducido debido a los avances tecnológicos, sino que también ha cambiado en cuanto a sus países de origen. Han aumentado las tripulaciones de países con mayor oferta de mano de obra, como, por ejemplo, Filipinas o los países de Europa del este, razón por la que se han estandarizado las exigencias profesionales y formativas desde la IMO.

- **Tecnológicos.** Desde el punto de vista de la tecnología, los cambios en la técnica aplicada a los buques son tan rápidos que estos corren el riesgo de quedar desfasados tras una breve vida comercial. En ocasiones, las obligaciones que un Estado pueda imponer a los buques que naveguen por sus aguas influirá en los buques que comercien con él.

Además del diseño de buques cada vez más especializados en determinados tipos de tráficos (contenedores, graneles líquidos, cargas rodadas, etc.), en el ámbito de la tecnología, hay factores que tienen una significativa repercusión en la configuración física de los buques, es decir, en la determinación de los elementos que permiten una explotación comercial eficiente y, en definitiva, su vida útil. Entre estos factores, destacan los siguientes:

- Los materiales utilizados en la construcción del casco (prepondera el acero frente al aluminio o el plástico, aunque sí se emplean materiales plásticos en las pinturas de protección del casco).
- La propulsión y velocidad del buque (que también dependen de la mercancía transportada y de los precios de combustible).
- El mantenimiento. Algunas empresas armadoras prefieren que sea la tripulación la encargada de mantener el funcionamiento de los equipos a bordo; otras optan por la rotación de un grupo de especialistas que revise periódicamente el equipo de su flota; pero todas intentan evitar la entrada a dique seco por las pérdidas económicas que ello supone.
- La recopilación en bases de datos informáticas de la información relativa al estado de los buques (datos accesibles desde cualquier país que servirán como criterio a la hora de decidir la contratación del buque).
- Los radares en los puertos y zonas costeras.
- La construcción naval, muy significativa en el sudeste asiático.
- Los sistemas de manipulación mecánica de la carga que se transporta.

Ligado con los factores tecnológicos hay que destacar la influencia que están teniendo sobre los buques las inspecciones del Memorando de Entendimiento de París (MOU París), destinadas a comprobar si estos cumplen con los requisitos de seguridad; en caso contrario no se les permite entrar en el puerto.

El propio MOU París elabora un listado de tres colores (blanco, gris y negro), que se aplican dependiendo del número de detenciones practicadas a un mismo buque, que llega al límite de expulsar a los buques inclusive de manera indefinida.

Las empresas navieras y fletadoras que quieren que sus buques accedan a puertos europeos, deben cumplir con los requisitos del MOU-París, que a su vez ha reglado un código de buenas prácticas.

2   El transporte y el comercio marítimos

Un tercio del planeta Tierra es área continental, mientras que el resto se encuentra cubierto por mares y océanos; de ahí que el transporte marítimo haya sido desde la antigüedad, y continúe siendo en la actualidad, un modo especialmente utilizado. La disposición geográfica de las zonas acuáticas repartidas por todo el globo ha homogeneizado muchas prácticas del transporte marítimo, ya que los buques navegan por todas ellas.

El comercio marítimo comprende los buques mercantes y su navegación con el fin de comerciar, utilizando como medio el mar. La navegación por agua es el núcleo del transporte marítimo y en torno a ella se producen las relaciones entre los sujetos que intervienen en esta actividad.

La oferta y la demanda rigen la economía de mercado, y el transporte marítimo juega un papel relevante en esta. Allí donde se crea una necesidad aparece una demanda a la que se dirigirán ofertas; seleccionadas las ofertas, se trasladarán los productos que pretenden atenderla. Así, el transporte se encuadra en el mercado económico como una herramienta para el movimiento de las mercancías.

La globalización económica, de hecho, se ha sustentado técnicamente en los sistemas logísticos internacionales, y especialmente en el desarrollo del transporte marítimo internacional. Esta internacionalización ha dejado eco aunando estrategias económicas y políticas que, si bien se han adaptado al particularismo propio de cada región, lo ha hecho en un marco general internacional. El transporte marítimo en particular ha aportado el establecimiento de líneas regulares allí donde el tráfico lo ha reclamado, o bien ha ofertado la disposición de buques para mercados ocasionales o específicos.

Sin embargo, la globalización, con el apoyo de avances tecnológicos ha impulsado unos fuertes competidores al transporte marítimo, favoreciendo el desarrollo de otros modos de transporte como el aéreo, el ferroviario o el transporte por carretera. La respuesta de la industria marítima ha sido un alto grado de especialización, que a su vez se ha extendido y coordinado con dichos modos para ser en su conjunto un elemento determinante de la economía.

2.1   El transporte marítimo de corta distancia

Un ejemplo del grado de especialización alcanzado es el denominado transporte marítimo de corta distancia *(short sea shipping* o SSS). Esta modalidad nació en el seno de la política de transportes de la Unión Europea, y en concreto en el Libro Blanco de Transporte presentado por la Comisión Europea en 2001. Su finalidad es unir diferentes puertos cercanos para reducir el tráfico rodado y facilitar el transporte de mercancías y pasajeros por mar entre puertos situados en territorio de la Unión Europea o entre puertos de la UE y los situados en países no europeos con una línea de costa en los mares ribereños que rodean Europa, en los que se encuentran los mares Báltico, Negro y Mediterráneo.

Como resultado del transporte marítimo de corta distancia se han desarrollado las autopistas del mar *(motorways of the sea* o MOS). Se pueden definir como una especialidad mediante la que se establecen rutas marítimas regionales para el transporte marítimo en detrimento del transporte por carretera, evitando con la saturación de las vías de circulación terrestre y sus efectos negativos para el medio ambiente.

En América del Sur el transporte marítimo de corta distancia abarca igualmente rutas dentro de un mismo Estado y entre diferentes estados de una zona marítima. Así, por ejemplo, Argentina, Perú y Colombia otorgan permisos a buques de otras banderas para operar en tráficos marítimos de cabotaje.

Figura 1.2. El transporte marítimo de corta distancia emplea buques que facilitan los tráficos de carga rodada y carga contenerizada.

Por su parte, las políticas de transporte europeas atisban el año 2050 como un momento de máximo desarrollo para el SSS, mediante el cual se reducirá un 60 % de las emisiones de gas efecto invernadero generado por el transporte, especialmente por carretera. Los principales retos para alcanzar este objetivo se centran en:

- Simplificación administrativa.
- Apoyo a la industria para desarrollar nuevas tecnologías de acuerdo con la regulación medioambiental.
- Integración del denominado transporte marítimo de corta distancia en la cadena logística.

Para impulsar el desarrollo del SSS, en la UE existen centros de promoción específicos, establecidos en las áreas cercanas a la costa de los países miembros, que a su vez se coordinar a través de la Red Europea de SSS. Estos centros de promoción favorecen el transporte internacional puerta a puerta mediante acciones de información y coordinación que se realizan en ambos extremos de la cadena de transporte.

El desarrollo de los tráficos de transporte marítimo de corta distancia potencian comercial e industrialmente las áreas litorales cercanas a los puertos que se incorporan en las redes de transporte multimodal, vinculadas con el transporte ferroviario y por carretera.

Desde el punto de vista de los costos globales del transporte, los que se derivan del transporte marítimo de corta distancia son seis veces inferiores a los de la carretera y tres veces inferiores a los del ferrocarril. Asimismo, por lo que respecta a las infraestructuras, mientras el ferrocarril es el modo de transporte que genera mayores costos, seguido de la carretera, el SSS supone un gasto inferior generado por cada tonelada y kilómetro recorrido.

Así, en su conjunto, el transporte marítimo de corta distancia aporta:

- Disminución de la congestión en las carreteras.
- Reducción de costos en el transporte.
- Ahorros de tiempo y manipulaciones de las cargas.
- Reducción de las emisiones de gases efecto invernadero.

2.2 El mercado de fletes

Durante la época de la navegación a vela, se hablaba de la «aventura a la mar», pues eran muchos los elementos vinculados a ella sobre los que los navegantes tenía poco poder de disposición. Numerosos factores meteorológicos, tales como el viento o el estado de la mar, influían en la llegada a puerto de la embarcación y su carga, con mayor o menor proximidad a la fecha prevista.

Con el buque a vapor se minimizó el arbitrio de los riesgos naturales y se mejoró la velocidad y puntualidad del transporte. La convivencia de la navegación a vela y a vapor dio lugar a una primera especialización del transporte marítimo: los buques a vela transportaban mercancías a granel para las que la fecha de entrega no era esencial, y los buques a vapor transportaban pasajeros y mercancías manufacturadas que precisaban un menor tiempo de transporte.

Tras la Segunda Guerra Mundial, la enorme crisis internacional también se hizo notar en el transporte marítimo, cuya actividad cayó en picado. Sin embargo, en veinte años no sólo se recuperó, sino que aumentó extraordinariamente. Durante los años sesenta se produjo un crecimiento sostenido en la economía mundial y, por consiguiente, en el transporte marítimo.

Al mismo tiempo, se denotó cada vez más un desequilibrio entre países desarrollados y subdesarrollados, desequilibrio que intervino en el tráfico marítimo, pues al no equipararse el intercambio comercial entre todos los países, las embarcaciones navegaban en lastre en muchas ocasiones.

En los años setenta, se duplicó el comercio marítimo. Las cargas secas se mantuvieron y aumentaron las importaciones. Las alteraciones en los mercados del petróleo, las cargas secas y la mercancía general fueron marcando las pautas en el transporte marítimo.

La progresiva contenerización de las mercancías, sustituta de los transportes de carga general, fue ganando terreno desde la década de 1980. La carga transportada mediante contenedores revolucionó la logística y el transporte en general, con especial incidencia en el transporte multimodal. Asimismo, la ampliación de las líneas regulares por todo el mundo, impulsada por las grandes compañías, desbancó a las pequeñas líneas regulares de larga tradición.

Con la globalización y el crecimiento de las empresas, se crearon consorcios entre navieras, que en ocasiones manipularon algunos sectores del mercado. No se debe olvidar que el transporte marítimo mueve el 80 % del volumen del comercio mundial (petróleo, hierro, cereales y carbón, entre otros destacados, sin omitir la carga general); de ahí su gran trascendencia.

Los avances tecnológicos de las últimas décadas, aparte del aumento de tamaño y la mejora de los buques portacontenedores, han hecho posible que se incrementaran la capacidad de carga, velocidad y seguridad, y que se redujera la tripulación, con lo que se ha abaratado el coste del transporte marítimo. Este coste se sitúa con frecuencia bajo mínimos debido a la sobreoferta de flota en el mercado. La disminución del tiempo de navegación y de la estancia de los buques en los puertos reduce los costos e incrementa los beneficios de las empresas navieras y, en definitiva, de las operadoras del transporte, de manera que el sector del transporte marítimo se ha convertido en un escenario donde compiten todos los sujetos que intervienen en él.

En resumen, la interacción entre la economía mundial y el transporte marítimo marca la evolución de este último.

2.2.1 Tráfico de buques

El tráfico marítimo de mercancías se puede agrupar básicamente en dos tipos de tráfico:

- **Línea regular**

  El tráfico de línea regular ofrece un recorrido periódico por determinadas zonas y puertos de escala. Las tarifas de los fletes de los buques que componen estos tráficos se publican y resultan muy interesantes para cargadores y receptores de mercancías. Existen líneas para todo tipo de mercancías, aunque destacan las mercancías contenerizadas, que se transportan a bordo de los buques portacontenedores.

Figura 1.3. El tráfico de buques de línea regular explota principalmente el transporte de mercancías contenerizadas.

En el tráfico de línea regular se dan cita tres tipos de mercancías:

- Gráneles líquidos (petróleo y sus derivados).
- Gráneles sólidos (minerales y grano).
- Carga general (se transporta por medio de contenedores).

Adicionalmente, la carga rodada y el pasaje, también cuentan con líneas regulares en muchos casos.

Las tarifas de fletes y los términos del conocimiento de embarque o contrato de transporte, que vienen dados por la compañía explotadora de la línea, quedan marcados por este mercado de línea regular. El propietario de una carga que firme un contrato con la naviera que se ocupe de una línea concreta se adherirá a dicho contrato como si de un contrato de suministro de electricidad o agua se tratase. Hay, pues, poco poder de negociación entre las partes en este tipo de líneas, a excepción de los propietarios de carga de mayor incidencia en el mercado. Dada la continuidad del servicio de tráfico de la línea regular, los fletes solían ser estables hasta la crisis de 2008, pero a partir de ella el mercado de fletes sufre importantes desequilibrios.

En este tipo de tráfico, los buques más utilizados son los convencionales o de carga general, los portacontenedores y los de carga rodada.

- **Buques *tramp***
  Tramp es un vocablo inglés que significa «vagabundo» o «volandero», traducido también como «de oportunidad». Estos buques no prestan servicios regulares, sino que se ofrecen para cargas completas o para varias parciales. Las partes negocian la contratación en función de la oferta del mercado *tramp* que exista en cada momento. Este tipo de tráfico está sometido a múltiples oscilaciones del mercado.

  Existen otras fórmulas empresariales en donde dos o más navieras realizan un servicio conjunto en una línea, es lo que se denomina un consorcio o *joint service,* en donde cada una de las navieras aporta buques, carga y recursos económicos.

  A raíz de los consorcios han nacido las alianzas, similares al *joint service* pero extendidas a escala mundial y que no se limitan a una línea o zona geográfica. Aún se ha ido más allá con la unión de alianzas, como por ejemplo la denominada The G6 Alliance, formada por American President Lines, Hapag Lloyd, Hyundai Merchant Marine, Mitsui, NYK Line y OOCL, o la P3, formada esta por Maersk, MSC y CMA CGM, de entre otras.

Figura 1.4. Los servicios de los buques *tramp* atienden tráficos no regulares
y explotan principalmente el transporte de carga a granel.

2.3 Las conferencias marítimas

2.3.1 Funciones y organización

Los armadores que ejercen su servicio en una misma línea de tráfico suelen asociarse en las denominadas conferencias marítimas. El objetivo de estas conferencias es preservar ese mercado para los asociados sin dar paso a los *outsiders,* esto es, armadores no participantes en la conferencia. Desde que en 1875 apareció la primera conferencia entre el Reino Unido y Calcuta, se ha dado un incremento en su número y capacidad de adaptación a las necesidades del comercio marítimo. A principios del siglo xx, el número de conferencias se situaba en torno a las 350, sólo teniendo en cuenta las líneas de tráfico más relevantes.

En el seno de las conferencias se acuerdan las tarifas, las condiciones de transporte y el reparto de la concurrencia que se debe aplicar en dicha línea de tráfico. A veces se forman *shipping pools* o *pools,* donde se fusionan los intereses de varias empresas armadoras con el fin de reducir la competencia en algunas líneas. La función básica de las conferencias es el establecimiento de tarifas mínimas de fletes para las distintas mercancías, de manera que si uno de sus miembros aplica una tarifa inferior será sancionado según las reglas de la conferencia.

Estas medidas o acuerdos de fidelidad, vinculan la actuación de las empresas participantes en estas fusiones, donde se efectúa una puesta en común de las cargas y los fletes. Estos acuerdos pueden consistir en descuentos tarifarios para los usuarios de los servicios prestados por los miembros de la conferencia o en la oferta al mercado de algún buque (conocidos como buques de lucha o *fighting ships*) a un flete bajísimo, con el fin de desbancar por completo a los armadores ajenos a la conferencia.

La estructura interna de una conferencia consta de una asamblea (donde se representan todas las empresas que configuran la conferencia para deliberar); una secretaría ejecutiva (que pone en práctica las decisiones tomadas por la asamblea), y en ocasiones un presidente representativo, que puede ejercer funciones administrativas.

En el ámbito institucional, las conferencias marítimas son una asociación no reconocida, por lo que impera la responsabilidad personal de cada uno de sus asociados y se excluye la responsabilidad de estos cuando actúen por imposición de la conferencia y en nombre de esta.

2.3.2 Tipos de conferencia marítima

En función del modo en que las empresas navieras acceden a participar en una conferencia marítima, esta se considera abierta y cerrada.

- **Conferencias abiertas**
  Este tipo de conferencias son flexibles a la entrada de nuevas empresas, siempre que cuenten con una capacidad determinada y que se comprometan a seguir unos acuerdos de fidelidad. A los nuevos miembros se les acostumbra a exigir un determinado volumen de actividad comercial, con posibilidades de cubrirlo satisfactoriamente y con un alto grado de calidad. Estas conferencias son las que se aplican en las líneas de tráfico con Estados Unidos, país que prohíbe las conferencias cerradas.

- **Conferencias cerradas**
  Estas conferencias marítimas exigen la modificación del acto constitutivo acordado por unanimidad para permitir el acceso de un nuevo miembro. Las conferencias cerradas, cercanas a la figura del monopolio y lejos de la libre competencia de los mercados, fueron desaprobadas por el Convenio de las Naciones Unidas relativo a un código de conducta para las conferencias marítimas (Convenio de Ginebra, 1974), que al establecer un código de conducta para las conferencias de línea obliga a que estas sean abiertas.

2.3.3   El código de conducta

La independencia de las ex colonias y la finalización de la Segunda Guerra Mundial propiciaron la hegemonía de los países desarrollados en el tráfico marítimo. Estos países tenían el control sobre las conferencias marítimas y era sumamente difícil para los nuevos países entrar en las conferencias y formar parte del negocio marítimo. Como respuesta a esta situación, surgió en el marco de la UNCTAD un código con su mismo nombre, también conocido como código de conducta.

El código de conducta recogido en el Convenio de Ginebra otorga competencia a los estados con objeto de que estos determinen los requisitos para constituir una compañía marítima nacional y, por consiguiente, apta para acceder a las conferencias. Además, prohíbe los acuerdos conferenciales de fidelidad cuyo objetivo sea establecer buques de lucha para eliminar la competencia de las navieras no asociadas a la conferencia.

Gracias a este código y a las líneas de tráfico que surgieron de los nuevos países, estos se incorporaron a las conferencias marítimas. Sin embargo, las crisis económicas y la transformación del transporte marítimo debida a la contenerización, cuya adaptación exigió unas inversiones considerables, no beneficiaron a las jóvenes líneas. Los países en vías de desarrollo tienen dificultades a la hora de invertir para ser competitivos en el comercio marítimo.

El código de conducta suaviza las ventajas creadas por las conferencias marítimas que beneficiaban a los estados marítimos tradicionales, de manera que se facilita el florecimiento de nuevos tráficos nacionales en los países con menos recursos.

2.3.4   Las conferencias marítimas en el presente

Se ha afirmado que las conferencias marítimas suponen un límite a la libre competencia e incluso se las ha calificado de monopolio.

Mientras en la Unión Europea quedaron derogadas en el 2008, algunos países abogan por la adopción de unas medidas supervisoras gubernamentales sobre las conferencias, mientras que otros creen firmemente en el propio impulso de la economía para su funcionamiento. En cualquier caso, parece necesaria la imposición de un cierto control por parte de los gobiernos.

En la actualidad, las conferencias han perdido gran parte de su capacidad debido principalmente a las crisis económicas, las altas exigencias para ser miembro de ellas, una mayor competitividad y el desarrollo del transporte intermodal. Esta nueva modalidad, que integra los distintos modos de transporte en una sola cadena, globaliza el transporte de manera que se pierde la especificidad de que uno de sus tramos sea marítimo. Los operadores del transporte intermodal contratan el transporte de las cargas en su conjunto.

Por consiguiente, las conferencias marítimas fijan básicamente las tarifas en los fletes de las líneas que comparten. Su actuación está en plena transformación debido a las nuevas necesidades exigidas por el comercio marítimo.

La Organización para la Cooperación y el Desarrollo Económicos (OCDE) ha intentado limitar el poder de las conferencias, instando a sus miembros para que dicten normas de competencia que cubrieran la fijación de precios:

- **Unión Europea**
  Durante años estuvieron vigentes las exenciones por categorías relacionadas con el transporte marítimo, que permitían la realización de prácticas prohibidas con carácter general por las normas de defensa de la competencia. A principios del siglo xxi se fue gestando la derogación de estas exenciones, hecho que finalmente se produjo de manera completa en octubre de 2008, dos años después de la publicación del Reglamento (CE) 1419/2006 del Consejo, de 25 de septiembre de 2006. A partir de esta norma todos los sectores de los servicios de transporte marítimo estuvieron ya sujetos al procedimiento marco de aplicación general.

- **EEUU**
  Se ha evitado el sistema prohibitivo seguido por la UE y se admite aplicar exenciones a todos los contratos de transporte marítimo en lo relativo a disposiciones del régimen de competencia, permitiendo que las partes puedan celebrar acuerdos individuales. Con ello se persigue aumentar el incentivo de las partes a desviarse de los acuerdos de las Conferencias y reducir la importancia de las mismas.

- **Singapur**
  El primer régimen de competencia se promulgó en el año 2006, sin embargo, el mismo contemplaba una serie de excepciones destinadas a los acuerdos de transporte marítimo de línea regular, en especial en cuanto a lo relativo a los acuerdos de fijación de precios.

- **Japón**
  Anunció en junio de 2011 que mantendrá un sistema de exención para todo tipo de acuerdos de transporte marítimo.

- **China**
  La existencia de exenciones es considerada legítima, aunque sometida a requisitos de registro.

3   La política marítima

Comprende la organización gubernamental y los criterios de actuación sobre las distintas competencias marítimas que deciden y aplican los estados. Históricamente, ya se distinguió entre la marina de guerra y la civil; hoy en día las competencias están disgregadas por los ministerios estatales basándose en unos modelos característicos.

Las competencias marítimas son las funciones que un Estado ejerce acerca de la actividad marítima. Quedan excluidas de estas competencias la marina de guerra, las relaciones internacionales, cuestiones fiscales y financieras, energía y minas, y titulaciones académicas. Pueden agruparse en:

- **Espacios marítimos**
  Comprenden aguas interiores, mar territorial, estrechos internacionales, zona contigua, zona económica exclusiva, plataforma continental, aguas archipelágicas y alta mar. También incluye los derechos de paso de los buques y la contaminación producida desde tierra.

- **Puertos**
  Se incluye tanto su gestión, organización y estructura, como todas las actividades que tienen lugar en el puerto, como son el practicaje, el remolque, la estiba y desestiba de las mercancías, las tarifas de estas actividades, el control de las mercancías, las señales y el balizamiento, entre las principales.

- **Navegación y transporte marítimo**
  Regulación del pabellón y registro de buques, actividad de los astilleros, formación y titulación profesional en el sector, seguridad marítima, salvamento, acuerdos internacionales, régimen sancionador, etc.

- **Recursos marinos**
  Pesca, actividades subacuáticas y extracciones de petróleo y otros minerales en los espacios marítimos, entre otras.

- **Recursos humanos**

   Relaciones laborales, condiciones de trabajo a bordo de las embarcaciones, sistema de pensiones para los trabajadores del mar y sus familiares, etc.

La administración marítima pública se compone de un órgano central y otros periféricos que conectan directamente con la realidad del transporte marítimo. Los modelos de gestión son básicamente:

- De gestión unificada.
- De gestión disgregada en distintos departamentos, subsecretarías o direcciones generales de varios ministerios.

El modelo de gestión unificada recoge bajo un solo órgano del gobierno (ministerio o secretaría de Estado) las competencias marítimas, mientras que el modelo de gestión disgregada o dispersa reparte las competencias marítimas por los distintos órganos jerárquicos del Gobierno.

Es de resaltar el modelo que constituye la autoridad marítima de Panamá, aprobado en febrero de 1998. Bajo el cargo superior del presidente de la República se halla el ministro de la Presidencia, del cual dependen un consejo asesor y una junta directiva. De esta última depende, a su vez, la oficina del administrador, conectada al Instituto Panameño de Investigación Marítima. La oficina del administrador se extiende en estas cuatro direcciones:

- Dirección General de la Marina Mercante.
- Dirección General de Puertos e Industrias Marítimas Auxiliares.
- Dirección General de Pesquerías y Recursos Costeros.
- Dirección General de la Gente del Mar.

La organización gubernamental de las competencias marítimas define la política marítima. La gestión unificada parece la más acertada para evitar la duplicidad de tareas y proporcionar una mayor especialización que permita potenciar el sector marítimo; sin embargo, Noruega –que es una potencia marítima– se rige por el modelo disperso. Una vez más, la excepción justifica la regla.

En el marco europeo, la Directiva 2008/56/CE del Parlamento Europeo y del Consejo, establece un marco de acción comunitaria integrada para la política del medio marino, con la finalidad de conseguir o mantener un buen estado medioambiental del medio marino, haciendo hincapié en que el desarrollo de las actividades económicas en el mar se realicen de manera sostenible.

3.1 Estrategia marítimo-política

Es el modo de actuación de un gobierno para conseguir unas metas determinadas en la actividad marítima.

La estrategia marítima de un Estado se ejecuta a través de la planificación de unos objetivos económicos y sociales. Con el fin de alcanzar estos objetivos, se precisan unas estructuras funcionales, tanto en el ámbito jurídico como político, que se llevan a término a través de las normas, los planes de acción y una organización determinadas.

La política marítima gubernamental deberá analizar, a la hora de plantearse una estrategia marítima, aspectos como: servicios de carga, puertos terminales, posibles inversiones en el sector, principales tráficos, rutas y cargas, encuadre multimodal y logístico y otros factores de interés.

El éxito de la política marítima dependerá de la estrategia que haya llevado a cabo.

4 Espacios de la navegación

La delimitación del ejercicio soberano de un Estado sobre sus aguas navegables, y de la comunidad internacional en general, ha necesitado de la intervención de la OMI y de las Naciones Unidas para establecer los espacios de la navegación mediante acuerdos internacionales.

Los espacios de la navegación se dividen en:

- **Las aguas interiores,** situadas en el interior de la línea de base del mar territorial, incluyendo el agua marítima de los puertos, radas y bahías (Convención de las Naciones Unidas sobre el Derecho del Mar, Nueva York, 1982). Todos los espacios de la navegación se regulan en este convenio. El Estado ribereño ejerce su soberanía plena sobre las aguas interiores.

- **El mar territorial** es la zona marítima adyacente a las aguas interiores en una distancia máxima de doce millas desde la línea de base. El Estado ribereño posee soberanía sobre el subsuelo, lecho, columna de agua y espacio aéreo sobre esta área.

- **Los estrechos internacionales** que forman parte del mar territorial pero, por ser utilizados para la navegación internacional, tienen un tratamiento legal especial en relación con el paso en tránsito de los buques.

- **La zona contigua** es el espacio marítimo adyacente al mar territorial y nunca sobrepasa las 24 millas de distancia desde la línea base que se utilizó para determinar el mar territorial. El Estado extiende a esta zona su jurisdicción y control sobre temas aduaneros, fiscales, sanitarios e inmigratorios.

- **La zona económica exclusiva,** adyacente al mar territorial y que puede alcanzar un máximo de 200 millas desde la línea base sobre la que se midió aquél. El Estado ribereño extiende su jurisdicción para conservar y vigilar los recursos marinos.

- **La plataforma continental,** que cuenta con el lecho y el subsuelo, incluso fuera del mar territorial, en el entorno de su territorio. El Estado ribereño ejerce su soberanía sobre los recursos naturales que en ella se encuentren.

- **Las aguas archipelágicas** que conectan a los grupos de islas o archipiélagos. La delimitación de estas aguas no excederá en 100 millas de la línea base, y sobre estas los Estados archipelágicos ejercerán su soberanía.

- **La alta mar** se define por exclusión a las aguas interiores, al mar territorial, a la zona económica exclusiva o a las aguas archipelágicas. Todo aquello que no quede comprendido en los anteriores espacios de la navegación se considerará alta mar. Por no pertenecer a ningún Estado, todos los países pueden utilizar la zona de alta mar pacíficamente.

Capítulo 2

Las mercancías

La finalidad del transporte es el traslado de personas o de mercancías de un lugar a otro. Para el objeto de este libro, abordaremos de manera exclusiva el transporte marítimo de mercancías, entendidas estas como bienes materiales que son objeto del comercio. Como bien material, la mercancía puede ser un elemento o producto objeto de transporte, susceptible de ser manejado, almacenado, trasladado, movido y trasladado o enviado.

1 Clasificación de las mercancías

Existen muchos modos de clasificar las mercancías; sin embargo, en lo que atañe al transporte marítimo, aspectos como el embalaje o la manipulación de la mercancía y los tipos de buques o los tráficos determinan su clasificación.

El tipo de embalaje y la manipulación que se realiza sobre las mercancías, permiten definir una clasificación de las mismas. Así, en el transporte marítimo, se distingue:

- **Mercancía general o a granel.** Los graneles pueden ser sólidos o líquidos. Se depositan en las bodegas o tanques de los buques, los cuales suelen estar compartimentados por mamparas. Se extraen e introducen mediante tuberías a través de las cuales se bombea la mercancía (es el caso de los graneles líquidos y algunos sólidos que son bombeados desde los silos a los buques) o bien a través de grúas especiales con brazos mecánicos a modo de palas (por ejemplo, carbón, grava o piedra).

Figura 2.1. La carga contenerizada ocupa el mayor porcentaje
de tráficos de mercancía general.

- **Carga general paletizada.** Las mercancías se apilan sobre palés, unas plataformas horizontales de madera de medidas estandarizadas. Estos palés se sitúan en las bodegas de los buques de carga general.

- **Carga general contenerizada.** Los palés pueden introducirse en los contenedores, aunque también puede encajarse la mercancía directamente en ellos. Estos contenedores pueden cargarse sobre cubierta o en la bodega del buque.

- **Carga rodada.** Se utilizan vehículos sobre ruedas que acceden a las bodegas de los buques, adaptados para esta carga, conducidos e impulsados por su propio motor o mediante otros elementos de tracción. Una vez en el interior, se trincan con unos enganches adecuados para mantenerlos inmóviles durante el viaje.

Por lo que se refiere a los tipos de buques y a las mercancías que transportan, merece resaltar que para mejorar su rentabilidad el diseño de los buques se ha adaptado a cada tipo de carga. En función de la carga, pueden emplearse los tipos de buque que se describen en la tabla 2.1.

Carga a transportar	Tipo de buque
Carga general	Buque de línea convencional, de doble cubierta, portabarcazas y multipropósito.
Contenedores	Buque de línea convencional, de doble cubierta, de carga rodada, portabarcazas y multipropósito.
Barcazas	Buques portabarcazas.
Palés	Buque de línea convencional, de doble cubierta, de carga rodada, portabarcazas y multipropósito.
Grandes piezas	Buque de línea convencional, de carga rodada, multipropósito y para cargas pesadas.
Carga sobre camión	Buque de línea convencional, de carga rodada y multipropósito, en algunos casos.
Graneles secos (pequeño)	Buque de línea convencional, de doble cubierta, portabarcazas y multipropósito.
Graneles líquidos (pequeño)	Buque multipropósito y petrolero.
Graneles secos (grande)	Buque granelero y OBO (*oil/bulk/ore carrier*, carguero de mineral, grano y crudo).
Graneles líquidos (grande)	Buque petrolero y OBO.
Gas licuado	Buque carguero de gas.
Carga perecedera	Buque refrigerado.

Tabla 2.1. Tipo de buque utilizado en función de la carga que se ha de transportar.

En relación con el tráfico de mercancías, puede establecerse la siguiente clasificación:

- **Los graneles,** que se dividen a su vez en líquidos (petróleo crudo, sus derivados, asimilados, productos químicos y bebidas alcohólicas en general) y sólidos (mineral de hierro, manganeso, carbón, granos, bauxita y fosfatos, entre otros).

- **La carga general** es toda la mercancía no incluida en el concepto de granel. No obstante, hay que tener en cuenta que si un producto a granel, por ejemplo cemento, se transporta en sacos, será carga general y no granel.

Figura 2.2. Los buques de manutención horizontal facilitan el acceso
de la carga rodada al interior de las bodegas.

Cuestiones como el embalaje o la manipulación de la mercancía, al igual que los tipos de buques o sus tráficos, ayudan a clasificar las mercancías.

2 Contenerización

2.1 Historia

En 1956, Malcolm P. McLean ideó un sistema que revolucionó no solo el transporte marítimo, sino también el transporte por carretera y ferrocarril. Este sistema se consolidó posteriormente como propulsor del transporte multimodal: el contenedor. McLean se dedicaba al transporte por carretera y observó los problemas de carga, descarga, manipulación y demás incidencias que se ocasionaban con el paso de la mercancía del transporte terrestre al marítimo. Así, ideó una caja metálica apta para ambos transportes, de modo que ese contenedor que se ponía en el remolque de su camión se estibaba en el buque directamente sin mayores manipulaciones.

La primera vez que se llevó a la práctica dicho invento fue el 26 de abril de 1956 en Estados Unidos, en un trayecto que partía del puerto Newark y finalizaba en el de Houston. Se utilizaron 58 contenedores de 35 pies de largo que hoy en día se consideran como los elementos pioneros del transporte multimodal.

Los propietarios de la carga acogieron muy positivamente esta innovación, de modo que McLean pudo fundar su propia compañía, la Sealand (tierra y mar), empresa de transporte contenerizado que ha liderado el mercado norteamericano y que ha permanecido en las mejores posiciones del ranking mundial hasta la década de 1990, en que fue absorbida por la empresa Maersk. La compañía Sealand creció rápidamente de forma simultánea al tráfico de contenedores, el cual impulsó la aparición de los buques portacontenedores y los sistemas de manipulación ideados para estos elementos.

Paralelamente, la informática desempeñó un papel muy importante en el transporte de contenedores.

Son muchos los aspectos positivos de la contenerización para los embarcadores y receptores, en contraposición al transporte de mercancías no contenerizadas:

- Menor tiempo en la manipulación de traspaso del camión al buque y viceversa.
- Ahorro en el coste de la mano de obra empleada para tales operaciones.
- Transporte más rápido y más económico.
- Disminución del riesgo de robo de las mercancías, ya que se conservan en el contenedor hasta su destino (cuando todos los productos pertenecen a un mismo cliente, pues en otro caso se abrirá el contenedor para extraer una parte de la mercancía, si bien se reduce igualmente su manipulación).
- Menor número de controles porque el contenedor está sellado.
- Simplificación y reducción de la documentación necesaria.
- Utilización múltiple de un mismo contenedor.
- Menor número de reclamaciones por parte del usuario.

Los puertos también experimentaron una transformación con la llegada del contenedor. Los puertos pequeños adquirieron nuevas perspectivas gracias a los buques alimentadores o *feeder,* pues mediante éstos se distribuyen las mercancías contenerizadas –provenientes de buques madre de grandes dimensiones– a puertos más pequeños. Por otro lado, los puertos de mayores dimensiones se convierten en centros neurálgicos del transporte multimodal *(hubs),* dado que gracias a sus terminales de contenedores la mercancía se distribuye por extensas áreas geográficas.

Por último, los armadores se vieron beneficiados por la reducción de la estancia de los buques portacontenedores en los puertos, debido a la disminución de gastos de escala y de manipulación por la carga y descarga de las mercancías.

La puesta en escena del contenedor hizo posible la globalización de los mercados en el siglo xx, y continúa siendo un elemento clave para el modelo económico y comercial imperante.

2.2   El contenedor

El contenedor es una caja metálica en la que se depositan las mercancías embaladas para facilitar su transporte. Es un equipo o unidad de transporte intermodal (UTI), con un volumen interior mínimo de 1 m^3, que facilita el transporte y la manipulación de las mercancías que en él se colocan (lo que minimiza los riesgos de ruptura de la misma) y que dispone de unos dispositivos para ser trincado al vehículo de transporte.

Se utiliza en todo tipo de transporte: marítimo, terrestre y aéreo (en el caso de los aviones, los contenedores se han adaptado a la forma de su estructura; no se trata, por tanto, de los mismos contenedores que se emplean en otros tipos de transporte), razón por la que se considera un elemento unificador y básico del transporte multimodal.

Cada contenedor se identifica por una serie de códigos y dígitos internacionales. Los materiales que se utilizan para su construcción son:

- *Acero.* La mayoría son de este material, ya que es más económico y resistente; sin embargo, pesa más, se corroe con el tiempo y, por ello, necesita mantenimiento.
- *Aluminio.* Material típico de los contenedores frigoríficos; pesa menos, aísla la temperatura y no se corroe, aunque resulta mucho más caro que el acero.
- *Madera contrachapada y fibra de vidrio.* No son materiales pesados ni se corroen, ni requieren excesivo mantenimiento o reparaciones, pero no son resistentes.

Existen empresas de alquiler con opción a compra *(leasing)* que se ocupan de la explotación de los contenedores en el ámbito del transporte.

Se trata, en definitiva, de un elemento móvil, permanente, apto para el uso reiterado y diseñado para el transporte intermodal.

2.3   Tipos de contendor

Los contenedores y los palés o tarimas son los elementos por excelencia para embalar la carga general y para que ésta sea transportada usando cualquier tipo de transporte.

Los principales tipos de contenedores son los siguientes:

- **Contenedor cerrado** *(box* o *dry van):* es el más utilizado. Tiene apertura por el testero o frente y la mercancía se carga mediante carretillas o transpaletas. Se pueden cargar mercancías paletizadas, fardos, cajas, muebles, piezas, etc. Suelen ser de acero.

- **Contenedor granelero** *(bulk):* es un contenedor cerrado, con unos orificios en sus puertas que se abren para conectar mangueras e introducir carga a granel seca, como productos químicos, granulados y mercancía en polvo, fertilizantes, cemento, harina, etc. Se construyen con fibra de vidrio y acero.

- **Contenedor de costado abierto** *(open side):* especialmente indicado para aquella mercancía cuya dimensión impide que se cargue por la puerta del contenedor. Se utiliza con frecuencia en el tráfico ferroviario. Está construido en acero.

- **Contenedor de techo abierto** *(open top):* ideal para grandes cargas que no caben en el contenedor a través de los testeros ni por el lateral, tales como maquinaria, grandes cristales o mármoles y maderas. Es de acero.

- **Contenedor plataforma** *(flat o platform collapsible flush folding):* se usa para cargar mercancías que sobrepasan las medidas habituales, tales como maquinaria, cables, bidones, bombonas, bobinas, vehículos y maderas, entre otras. En definitiva, este contenedor de acero almacena aquella carga inadecuada para otros tipos de contenedores a causa de sus dimensiones. Consta de una plataforma y dos testeros a modo de mamparos que pueden abatirse.

Figura 2.3. Contenedores cerrados, de 20 y de 40 pies, apilados en una terminal portuaria.

- **Contenedor plegable** *(folding)*: sus partes estructurales pueden plegarse para ser transportado sin carga, y volver a montarse en el momento de su utilización.

- **Contenedor cisterna** *(ISO tank):* se compone de una cisterna de aluminio o acero inoxidable anclada en un bastidor o estructura de soporte con los accesorios necesarios (cantoneras de esquina, etc.) para su trincaje en los anclajes de buques, vagones y vehículos de carretera, o bien para apilarlo sobre otro contenedor.

  Pueden distinguirse dos subtipos de contenedores cisterna:

    - Los contenedores IMO 1, que albergan sustancias peligrosas que van desde las tóxicas hasta las líquidas altamente inflamables o las corrosivas.
    - Los contenedores cisterna de mercancías no peligrosas, que pueden contener crudo, plástico, resina, látex o bebidas destinadas al consumo humano.

- **Contenedor isotermo** *(insulated):* la especialidad de este contenedor radica en los materiales con que se construye, ya que están ideados para aislar la temperatura del interior respecto a la del exterior. Así se evita que el frío o el calor externos afecten al contenido del mismo.

- **Contenedor frigorífico** *(reefer):* es un contenedor isotermo de aluminio o aluminio y acero inoxidable, que mantiene la mercancía fría o disminuye su temperatura mediante un sistema de refrigeración; se utiliza, por ejemplo, para fruta, verdura, carne o pescado.

- **Contenedor calorífico** *(calorific):* es un contenedor isotermo y, al contrario que el anterior, posee un sistema de calefacción para mantener o aumentar la temperatura de la mercancía.

- **Contenedor de temperatura controlada** *(controlled temperature):* cualquier tipo de contenedor isotermo puede incorporar un sistema de control y registro de temperatura o de humedad.

- **Contenedor iglú:** destinado al transporte aéreo de carga. Su forma se puede adaptar al fuselaje de las aeronaves. Se fabrica en aluminio.

Si atendemos a las dimensiones y las capacidades de los contenedores, la figura 2.1 reúne las de los principales tipos.

Las capacidades globales de los buques o las terminales de contenedores se miden mediante el TEU, siglas de *twenty-foot equivalent units,* unidad de medida para contenedores que equivale a 20 pies (6,10 m).

Los contenedores de 40 pies son denominados FEU *(forty equivalent unit)* o unidad equivalente a cuarenta. Así, cuando se habla de la capacidad de buques portacontenedores o de movimientos de carga y descarga en los puertos, en Estados Unidos se utilizan los FEU como unidad, mientras que en Asia y Europa es más común medir estas capacidades en TEU.

Las medidas dimensiones de los contenedores de transporte se han estandarizado a través de la International Standart Organization (ISO), y dicha estandarización permite el desarrollo del transporte multimodal, puesto que las mercancías contenerizadas se transportan por mar, carretera o ferrocarril por todo el mundo.

En atención a la composición de la carga, los contenedores también se pueden distinguir como:

- FCL *(full container load)* o contenedor completo.
- LCL *(less container load)* o contenedor de grupaje.

Si una empresa cargadora dispone de mercancía suficiente como para llenar un contenedor o paga como si lo estuviera, se habla de FCL. En caso de que no posea mercancía suficiente como para ocupar en su totalidad un contendor, acudirá a una compañía transitaria, consolidadora o de grupaje, para que esta gestione el modo de completar el contendor con cargas de otras empresas y así obtener un precio más económico por su transporte.

3 Pesaje de contenedores

En 2016 se hizo efectiva la obligación de entregar un certificado de verificación de la masa bruta de los contenedores o VGM *(verified gross mass),* por parte del embarcador, y para ello existe dos modalidades:

- Una vez se haya precintado, el contenedor se debe pesar. Para que el certificado de peso sea válido, los equipos deberán estar calibrados y certificados por una empresa cualificada. En la actualidad, la norma ISO 9000 es la que recoge los requisitos de la calibración del pesaje.

- Pesar todos los paquetes, elementos de carga, palés, embalajes, elementos de estiba y trincaje, y finalmente sumar la tara del contenedor.

DIMENSIONES DE LOS CONTENEDORES DE TRANSPORTE

	Dimensiones internas (mm)			Capacidad y carga útil		Con puertas abiertas (mm)	
	Largo	Ancho	Alto	Volumen (m³)	Carga máxima (kg)	Ancho	Alto
Contenedor cerrado, seco o de carga general *(dry container)*							
20'	5.898	2.352	2.393	33,2	21.740	2.340	2.280
40'	12.032	2.352	2.393	67,7	26.630	2.340	2.280
HC	12.032	2.352	2.698	76,3	26.520	2.340	2.585
45'	13.556	2.352	2.695	86	27.910	2.340	2.579
Contenedor de costado abierto *(open side)*							
20'	5.896	2.310	2.255	31	22.470	2.236	1.960
Contenedor frigorífico *(reefer container)*							
20'	5.444	2.284	2.267	28,5	21.135		
40'	11.583	2.284	2.250	58,7	26.580		
HC	11.583	2.286	2.556	67,9	26.380		
45'	13.102	2.286	2.509	75,4	27.300		

Continuación

		Dimensiones internas (mm)			Capacidad y carga útil		Con puertas abiertas (mm)	
		Largo	Ancho	Alto	Volumen (m³)	Carga máxima (kg)	Ancho	Alto
Contenedor sin techo *(open top container)*	20'	5.900	2.330	2.337	32,6	21.740		
	40'	12.025	2.330	2.337	65,8	26.410		
Contenedor plataforma *(flat rack container)*	20'	5.628	2.178	2.159	/	21.740		
	40'	11.762	2.178	1.986	/	26.410		
Contenedor cisterna o tanque *(tank container)*	20'	/	/	/	21	27.410		
Contenedor granelero *(bulk container)*	20'	5.838	2.366	2.374	32,7	28.030		

Nota. Las dimensiones están expresadas en milímetros (mm), la capacidad en metros cúbicos (m³) y el peso en kilogramos (kg).

Figura 2.1. Dimensiones y capacidades de los principales tipos de contenedor de transporte.

Una vez se obtenga el peso del contenedor, se debe remitir tanto a la naviera como a la terminal portuaria. Las navieras exigen que la entrega del certificado se realice antes de elaborar el plan de carga del buque, de lo contrario el contenedor quedará en la terminal.[1]

4   El palé

El palé es una plataforma –de madera, material plástico o materiales reciclados– sobre la cual se coloca la mercancía. Dispone de aberturas para la entrada de las horquillas de las carretillas elevadoras u otros aparatos de manutención y permitir su traslado. El peso de una carga paletizada no debe sobrepasar los 2.000 kg, ni su volumen debe ser mayor de 2,5 m^3.

La inserción del palé en el transporte y en la industria permite que, al finalizar los procesos de producción, las mercancías se ubiquen sobre palés, de manera mecánica o manual, formando así una unidad de carga para ser almacenada o transportada. La mercancía depositada sobre el palé se reviste de polietileno termorretráctil o estirable para conseguir una mayor resistencia y estabilidad, y salvaguardarla de agentes externos, como el polvo o el agua.

En función del número de veces que se utilizan, los palés se pueden clasificar como:

- Palé de servicio: se utiliza hasta su desgaste.
- Palé a fondo perdido: solo se emplea una vez.

La mejor manera de aprovechar la versatilidad de una carga paletizada es cuando esta se carga en una unidad de transporte (contenedor, caja de camión, vagón o buque) y no quedan huecos entre los palés para colocar ninguna otra mercancía.

No obstante, las medidas de los palés no son múltiplos de las dimensiones de los contenedores ni de las bodegas de los buques u otros medios de transporte, por lo que quedan espacios sobrantes que deben rellenarse con elementos de estiba.

En función de las dimensiones del palé y las características de los bultos que han de ubicarse sobre él, hay programas informáticos que permiten optimizar su capacidad y resistencia.

----

[1] Para ampliar esta información, véase el Convenio Solas (Convenio Internacional para la Seguridad de la Vida Humana en el Mar, 1974), capítulo 6.º, regla 2.ª, párrafo 4.º.

Los palés utilizados en las exportaciones han de cumplir con la Norma Internacional sobre Medidas Fitosanitarias o NIMF-15, desarrollada por la International Plant Protection Conventio (IPPC), y adoptada en 2002 por la Organización de las Naciones Unidas para la Alimentación y la Agricultura (FAO). Esta normativa requiere que todos los palés sean tratados mediante procedimientos térmicos o químicos para prevenir la contaminación por plagas procedentes de la madera.

Los tipos de palé más utilizados son los de la figura 2.2.

TIPOS DE PALÉS DE MADERA

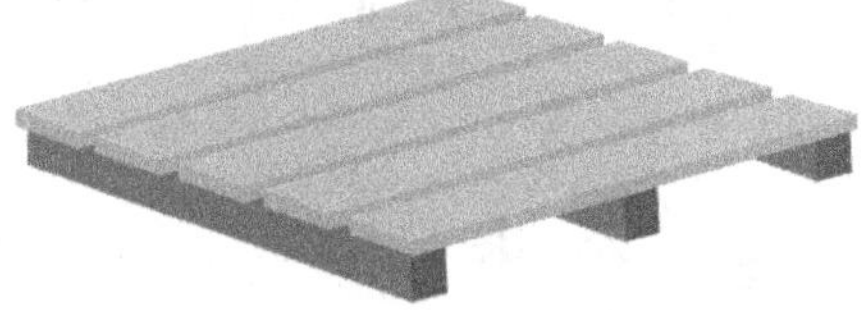

Palés de dos entradas para las horquillas.

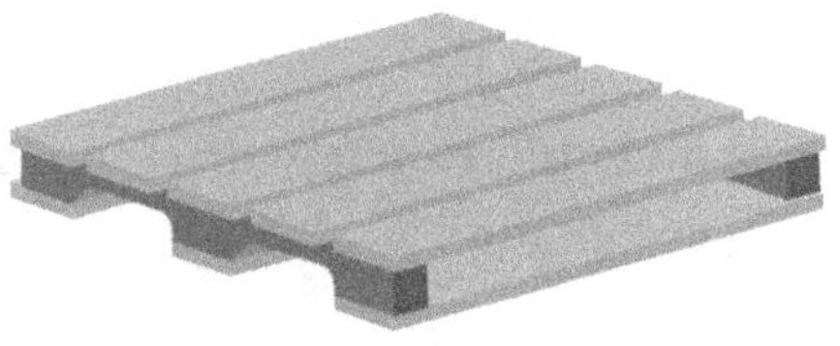

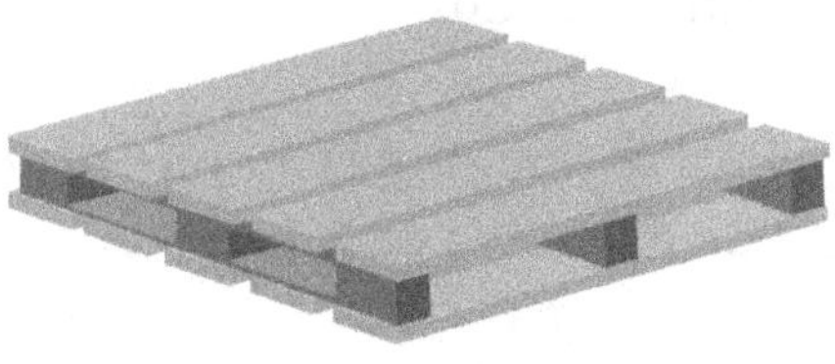

Palé de cuatro entradas para las horquillas, de doble cara no reversible.

Palé de cuatro entradas para las horquillas, de doble cara reversible.

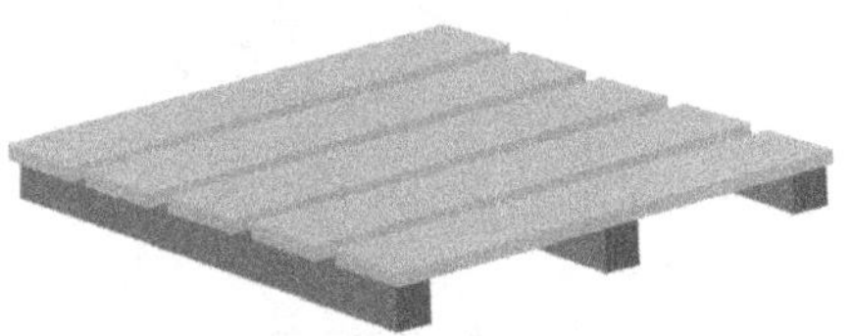

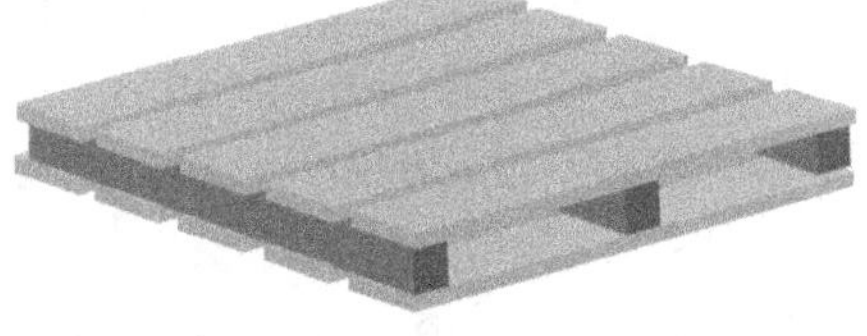

Palé de dos entradas para las horquillas, de cara única, no reversible.

Palé de dos entradas para las horquillas, de dos caras, reversible.

Figura 2.2. Tipología básica de los palés de madera, de dos y cuatro entradas, reversibles y no reversibles.

5   Las reglas Incoterms 2010

5.1   *Derechos y obligaciones sobre las mercancías*

Las reglas Incoterms, publicadas por la Cámara de Comercio Internacional (CCI), tienen por objeto delimitar los derechos y las obligaciones de las partes que intervienen en la compraventa de un producto en lo que concierne a estos cinco aspectos:

- **Qué obligaciones** contraen la parte compradora y la vendedora de acuerdo con lo convenido en el contrato de compraventa.

- **Qué costes** asume cada parte en relación con la contratación del transporte y otras operaciones de la cadena logística.

- Qué parte asume el **seguro de la mercancía,** en caso de que se haya contratado, y hasta qué punto cubre el seguro.

- Qué parte está obligada a realizar los **despachos de aduanas,** en caso de que sean necesarios.

- Cuál es el lugar y el momento de la **entrega de la mercancía** y de la transmisión de riesgos de la empresa vendedora a la compradora.

Las partes vendedora y compradora de una operación de compraventa internacional deben comprender y usar correctamente estas reglas. Aunque su aplicación no es obligatoria, son imprescindibles para el entendimiento entre ambas y entre los profesionales que intervienen en el comercio internacional.

5.2   *Las reglas Incoterms multimodales*

Son adecuadas para toda aquella operación de compraventa que conlleve transporte por carretera, ferroviario, aéreo o multimodal, incluido el transporte multimodal contenerizado con fase de transporte marítimo, así como la combinación de cualquiera de estos modos (excepto el marítimo de puerto a puerto). Estas reglas son las siguientes:

EXW

La empresa vendedora entrega la mercancía al ponerla a disposición de la compradora en sus propias instalaciones sin cargarla en el vehículo que envía la empresa compradora. Esta última asume todos los costes desde ese momento.

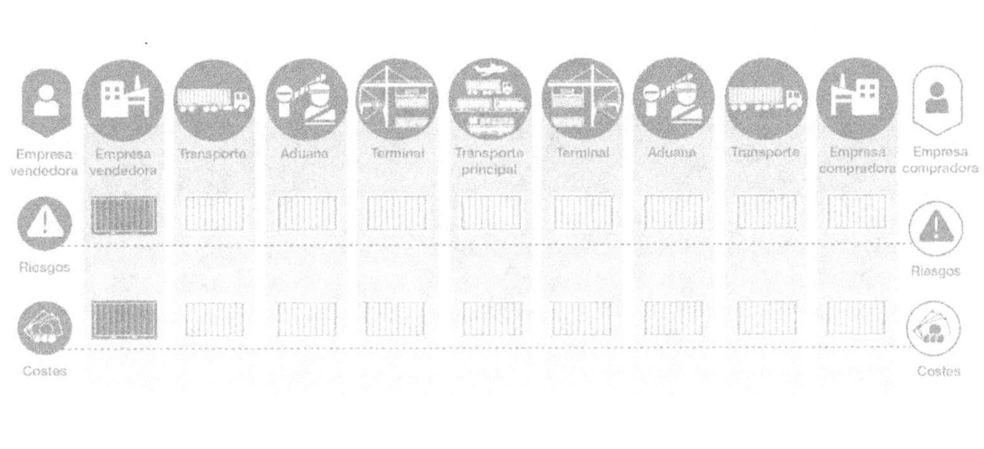

FCA instalaciones del vendedor

La empresa vendedora realiza la carga de la mercancía sobre el vehículo de la empresa transportista contratada por la compradora. La mercancía se entrega una vez cargada, momento en que se transmiten los riesgos a la empresa compradora.

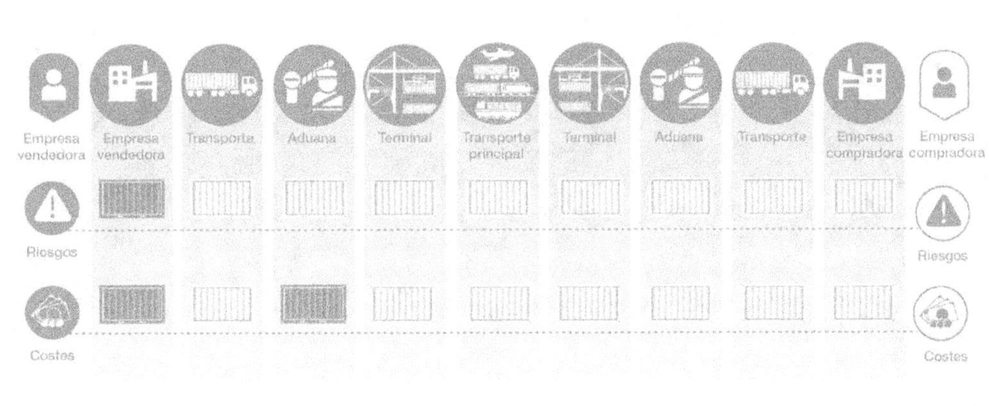

FCA otro lugar

La empresa vendedora asume los costes hasta situar la mercancía en el lugar designado (terminal), sin descargarla del vehículo de llegada. La empresa compradora asume los costes y riesgos a partir de dicho punto.

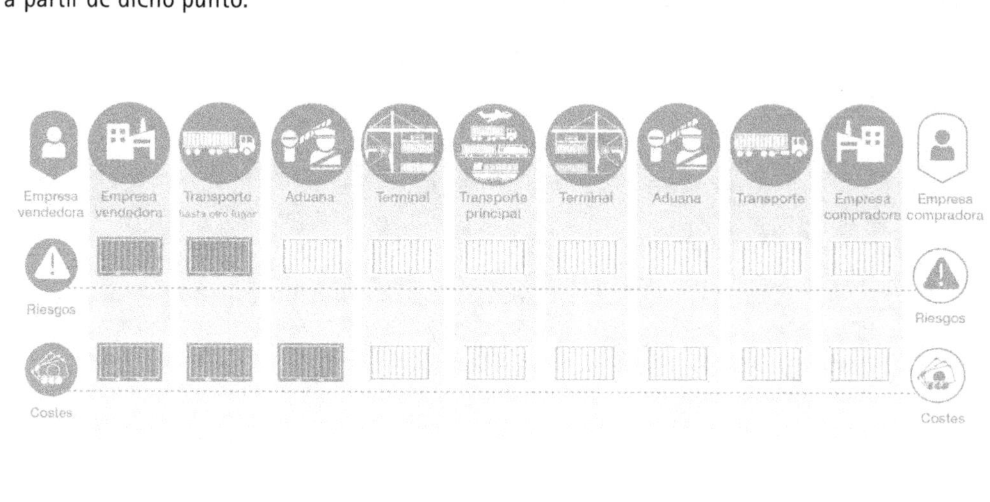

CPT/CIP

La empresa vendedora transmite los riesgos a la compradora al poner la mercancía a disposición de la empresa transportista contratada por la vendedora. En caso de que el transporte sea llevado a cabo por varias empresas transportistas (transporte multimodal), los riesgos se transmiten al entregar la mercancía a la primera de ellas. En condiciones CIP, los riesgos a partir de este punto deben estar cubiertos por el seguro contratado por la empresa vendedora, en los términos estipulados por la regla Incoterms.

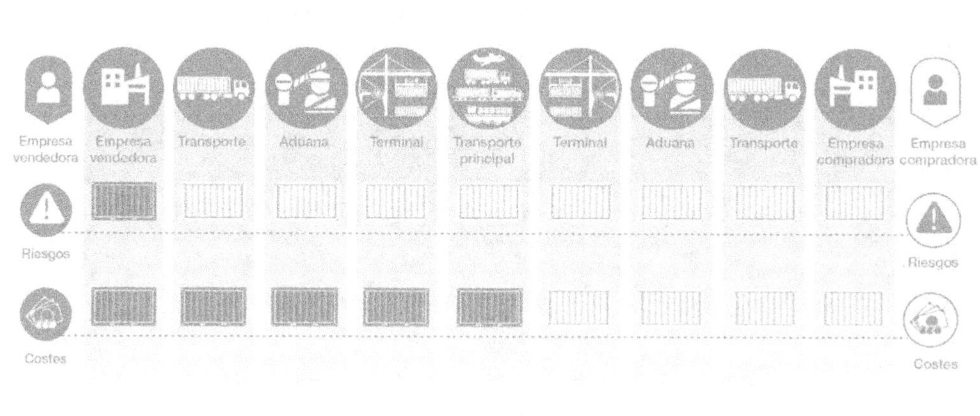

CPT/CIP por carretera

La empresa vendedora transmite los riesgos a la compradora al poner la mercancía a disposición de la empresa transportista contratada por la vendedora. En caso de que el transporte sea llevado a cabo por varias empresas transportistas (transporte multimodal), los riesgos se transmiten al entregar la mercancía a la primera de ellas. En condiciones CIP, los riesgos a partir de este punto deben estar cubiertos por el seguro contratado por la empresa vendedora, en los términos estipulados por la regla Incoterms.

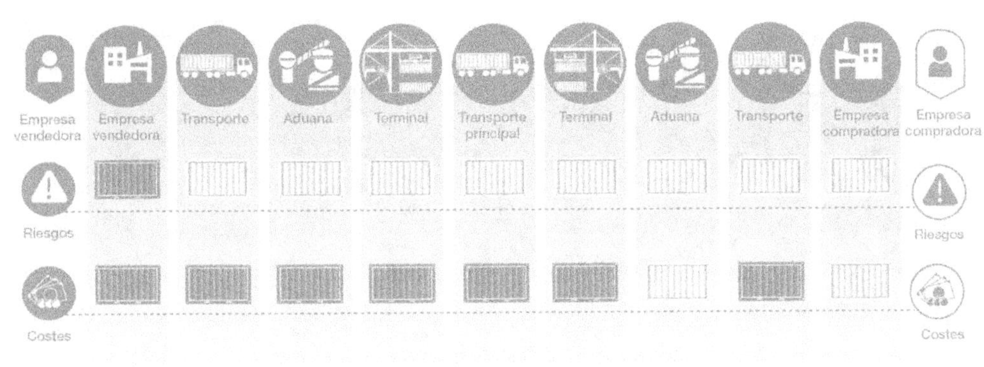

DAT

La empresa vendedora asume los costes y riesgos hasta situar la mercancía, descargada del vehículo de llegada, en la terminal de destino designada. A partir de ese momento, los costes y riesgos corresponden a la empresa compradora.

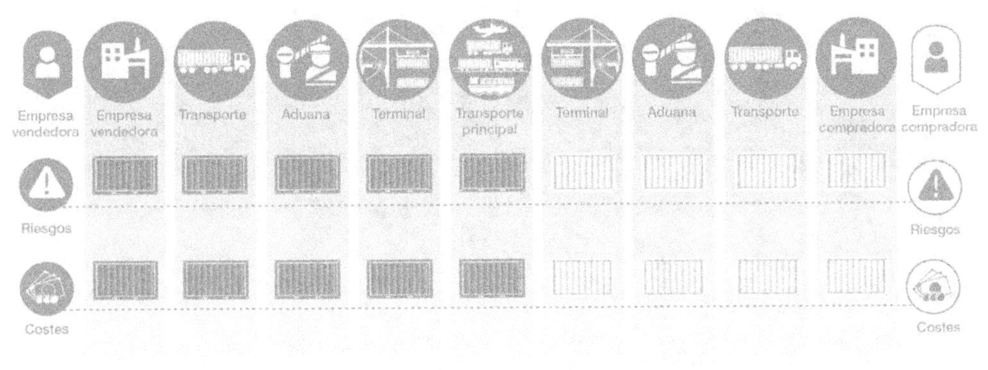

DAP

La empresa vendedora asume los costes y riesgos hasta situar la mercancía en el lugar de destino designado sin descargarla del vehículo de llegada. El coste del despacho de importación corresponde a la empresa compradora.

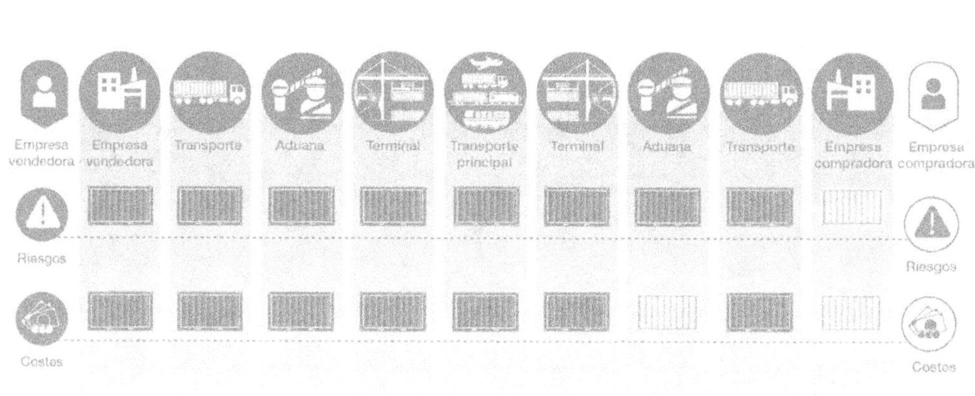

DDP

La empresa vendedora asume los costes y riesgos hasta situar la mercancía, despachada de importación, en el lugar de destino designado sin descargarla del vehículo.

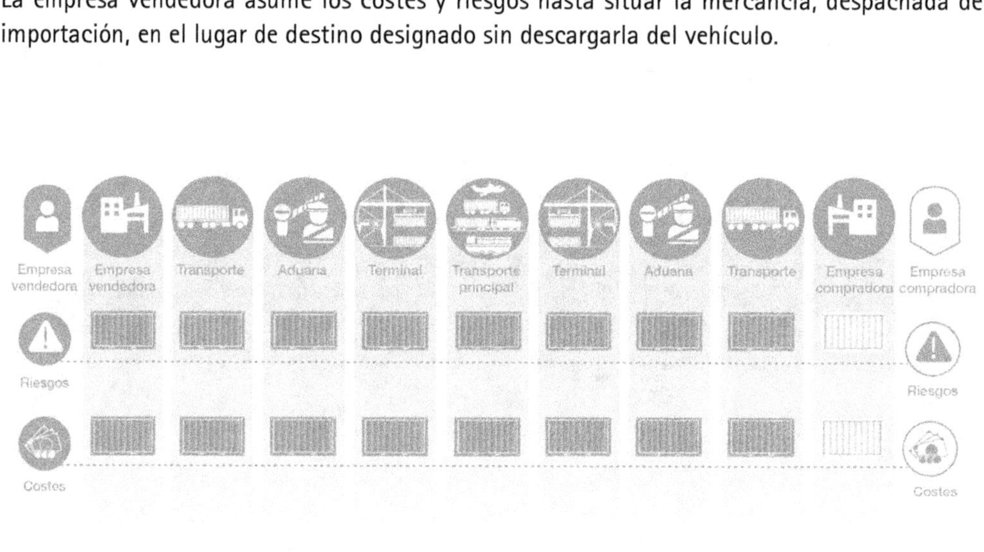

5.2   *Las reglas Incoterms® 2010 para transporte marítimo*

Este grupo de reglas Incoterms para transporte marítimo y vías navegables interiores son adecuadas para toda aquella operación de compraventa que conlleve transporte de carga general no contenerizada, fraccionada, a granel, etc., de puerto a puerto. Lo componen cuatro reglas:

FAS

La empresa vendedora asume los costes y riesgos hasta situar la mercancía al costado del buque indicado por la compradora en el puerto de embarque designado. A partir de este punto, los costes corresponden a la empresa compradora, incluida la carga a bordo del buque.

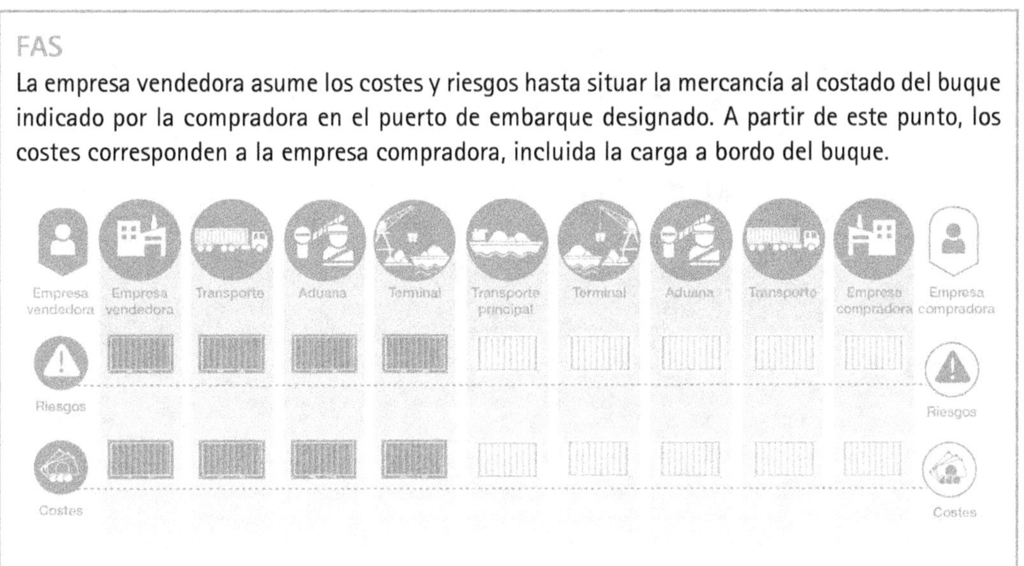

FAS con contenedor

La empresa vendedora asume los costes y riesgos hasta situar el contenedor al costado del buque indicado por la compradora en el puerto de embarque designado. A partir de este punto, los costes corresponden a la empresa compradora, incluida la carga a bordo del buque. En los servicios de transporte de contenedores en línea regular, este coste suele incluirse en el flete.

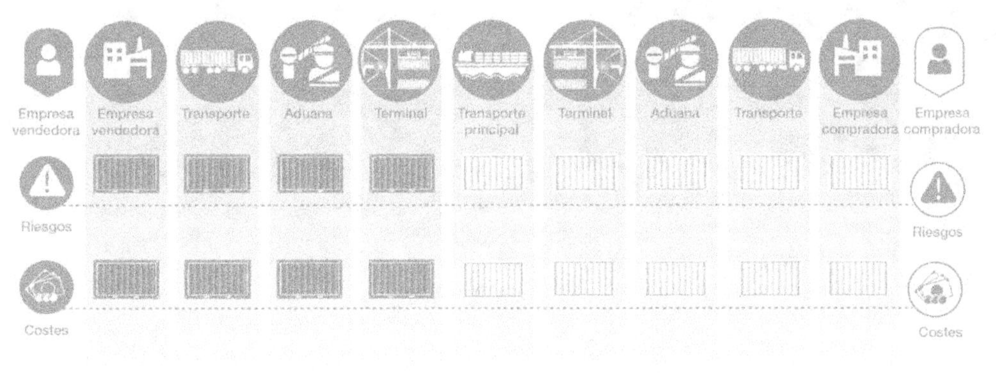

FOB

La empresa vendedora asume los costes y riesgos hasta situar la mercancía a bordo del buque indicado por la compradora en el puerto de embarque designado. A partir de este punto, los costes corresponden a la empresa compradora.

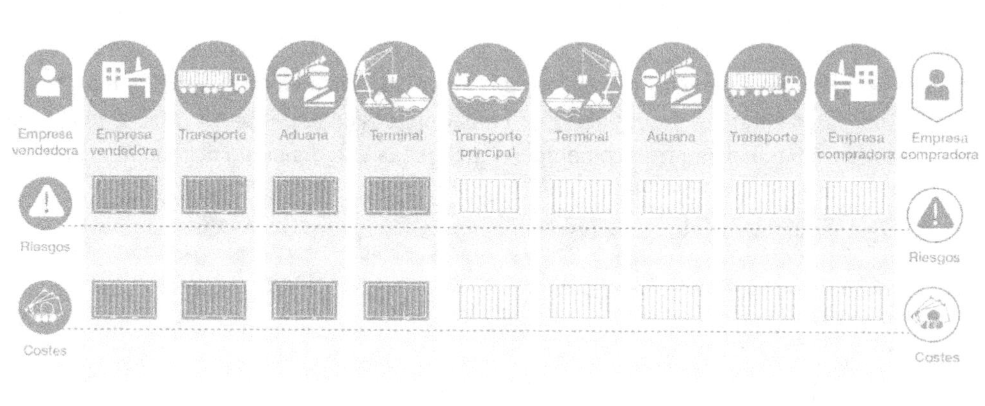

FOB con contenedor

La empresa vendedora asume los costes y riesgos hasta situar el contenedor a bordo del buque indicado por la compradora en el puerto de embarque designado. A partir de este punto, los costes corresponden a la empresa compradora. En los servicios de transporte de contenedores en línea regular, este coste suele incluirse en el flete.

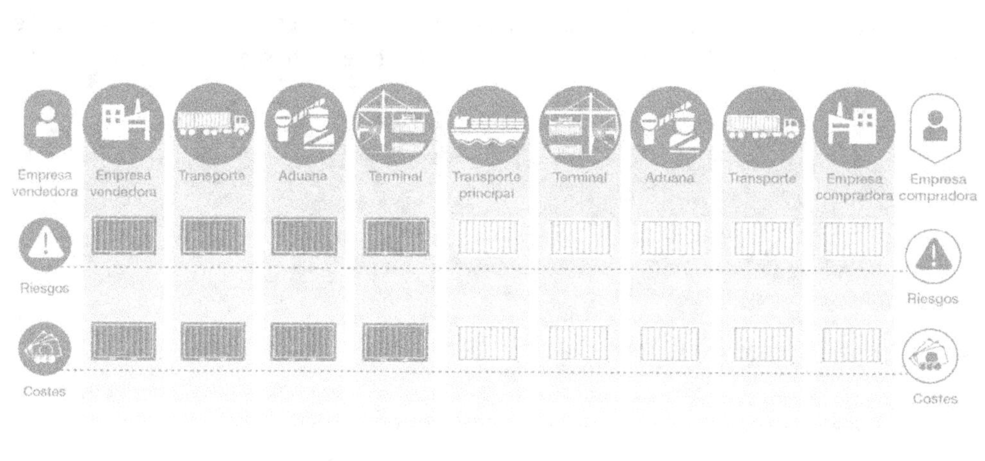

CFR/CIF

La empresa vendedora asume el coste del transporte hasta situar la mercancía en el puerto de destino designado, pero transmite los riesgos cuando coloca la mercancía a bordo del buque indicado por la compradora en el puerto de embarque designado. En condiciones CIF, los riesgos a partir de este punto deben estar cubiertos por el seguro contratado por la empresa vendedora, en los términos estipulados por la regla Incoterms.

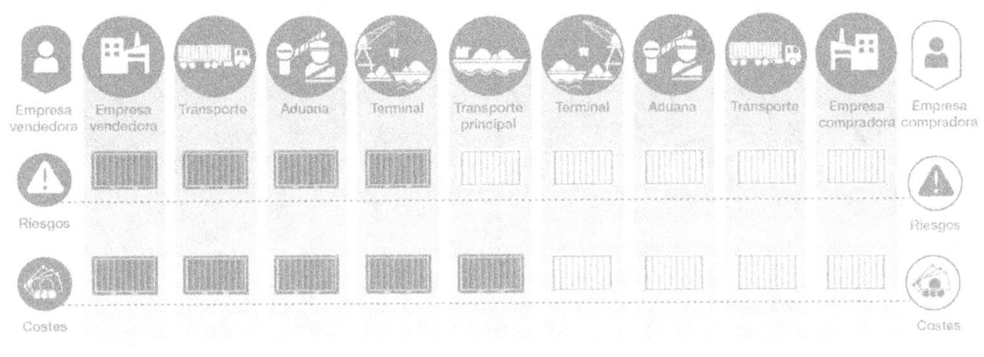

CFR/CIF con contenedor

La empresa vendedora asume el coste del transporte hasta situar el contenedor en el puerto de destino designado. De igual modo que en condiciones FOB, la empresa vendedora asume los riesgos hasta situar el contenedor a bordo del buque indicado por la compradora en el puerto de embarque designado. En condiciones CIF, los riesgos a partir de este punto deben estar cubiertos por el seguro contratado por la empresa vendedora, en los términos estipulados por la regla Incoterms.

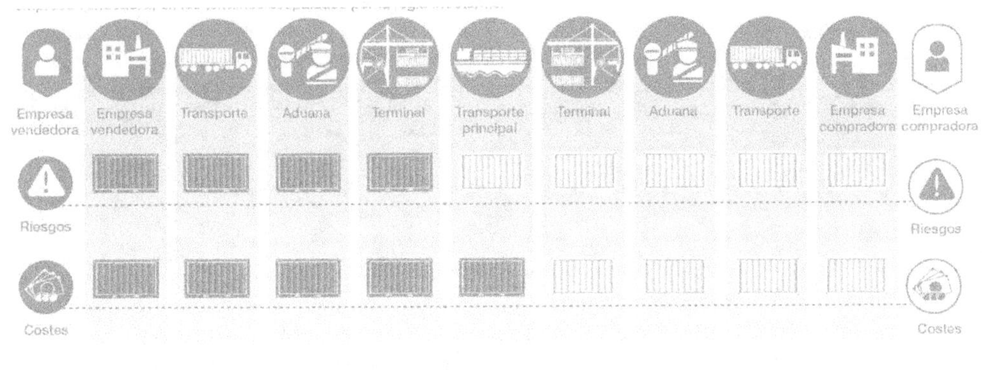

Capítulo 3
El buque

El buque, como vehículo del transporte marítimo, es un elemento indispensable de la navegación por mar. Se puede definir el buque como un artefacto que flota y que se desplaza por sí mismo de un lugar a otro por mar, para el transporte de mercancías o de pasaje, o para prestar servicios marítimos, como remolcar otras embarcaciones en el puerto, por ejemplo. También puede decirse que es un flotador tripulado y autopropulsado, capaz de prestar servicios marítimos.

1   La tecnología del buque

En el siglo xix, la revolución industrial marcó un hito en la historia con un radio de repercusión que dejó importantes huellas en la construcción naval. Hasta entonces, la fuente de energía que utilizaban los navíos era el viento, que aprovechado por las velas los impulsaba; fue la gran época de la navegación a vela. Con la industrialización se produjo un cambio radical en el sistema de propulsión de los barcos, que pasó progresivamente a efectuarse mediante un motor que emplea un recurso energético no renovable, inicialmente el vapor del carbón y, posteriormente, el petróleo. La navegación alcanzó unos niveles de velocidad y seguridad sin parangón hasta entonces.

En la actualidad, las embarcaciones son más rápidas y pueden ofrecer mayor exactitud en el cumplimiento de las fechas de llegada y salida a un determinado puerto; además, ya no dependen de la energía eólica, hecho que representaba la supeditación absoluta a las condiciones meteorológicas. No obstante, el transporte marítimo conlleva una serie de riesgos que se deben, básicamente, a la naturaleza del medio en que realiza su actividad, el mar. La propulsión motorizada supuso una mejora considerable en la navegación, aunque también generó nuevos riesgos relacionados con la seguridad marítima, los accidentes y la contaminación ambiental.

Las consecuencias de estos cambios tecnológicos y de los avances en las telecomunicaciones han producido un eco en el comercio y en la dinámica del transporte marítimo. La posibilidad de ofrecer inmediatamente un producto allí donde se produce una demanda, unida a la mejora de los otros medios de transporte (aéreos y terrestres), han reconducido la logística a nuevas dimensiones. En definitiva, la «aventura de la mar», en la que capitán y tripulación llegaban a mantener un aislamiento de semanas sin ningún contacto exterior, y las largas estancias en los puertos, durante las cuales el capitán negociaba nuevos fletes (es decir, ejercía muchas de las funciones de la empresa naviera) o la época en la que el capitán era también copropietario de la nave pasaron a la historia.

En su lugar, la rapidez y eficacia marcan el ritmo del transporte marítimo, en el que prima una estancia mínima en puerto; la carga y descarga de mercancía se efectúa por medios mecánicos, y el abastecimiento de suministros o las reparaciones que sea preciso efectuar, en su caso, se llevan a cabo en el menor tiempo posible. De este modo, tan solo unas cuantas horas distan entre el atraque y el desatraque de un buque en puerto. Por un lado, estas exigencias aminoran el coste de las operaciones portuarias, lo que agiliza el movimiento de mercancías y, por otro, supone una disminución en el número de integrantes de la tripulación que, a su vez, debe adaptarse, aumentado la especialización técnica, a las exigencias impuestas por la nueva maquinaria, cada vez más autónomas y tecnificadas.

1.1 Principales partes del buque y sus funciones

El buque como construcción autopropulsada destinada a la navegación es sinónimo de embarcación, nave, navío o barco. Este concepto también puede aludir al casco y a la superestructura, a las zonas del casco o al conjunto de todas ellas. Los elementos básicos de un buque son (véase la figura X):

- El casco
  Puede adquirir diferentes formas y tamaños (1) en función de la embarcación. En la parte inferior de la proa (2), el casco adquiere una forma de bulbo (3), cuya función es disminuir la resistencia al avance del buque y, en consecuencia, su consumo. El disco Plimsoll, que indica el francobordo o línea de flotación se sitúa en los costados de la embarcación (tanto a babor –lado izquierdo de un barco si se mira a la proa–, como a estribor –lado

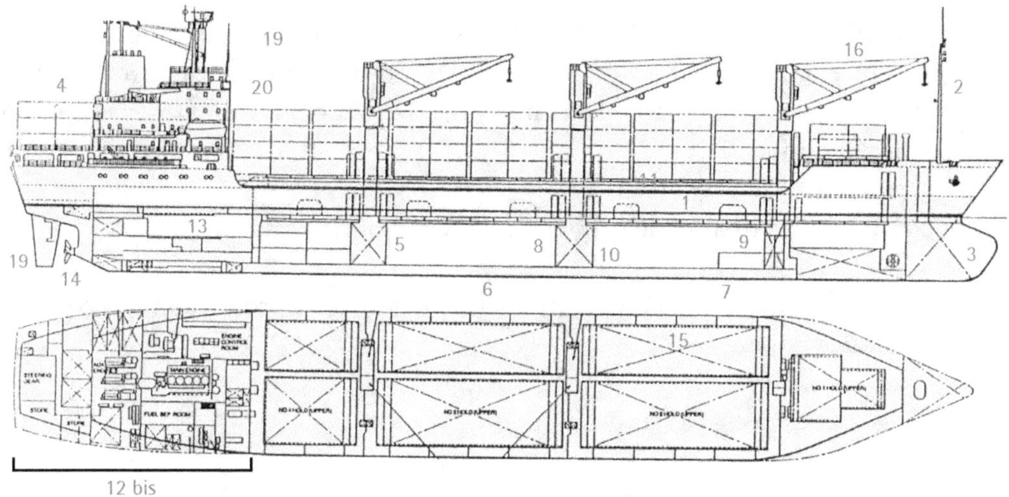

Figura 3.1. **Principales partes del buque.**

derecho–) y delimita la obra viva o volumen del casco que se sumerge en el agua y la obra muerta o zona del buque que no está en contacto con el agua. El casco, además, puede estar compartimentado en bodegas, por ejemplo. Los elementos del casco son:

— La proa, parte delantera del navío.
— La popa (4) que es la parte trasera y, por tanto, opuesta a la proa.
— Espacios de carga –por ejemplo, las bodegas (5)– para depositar mercancías a granel o contenerizadas, entre otras opciones.
— La cuaderna maestra (6), que es la pieza curva más ancha que arranca de la quilla. Todas las cuadernas son el armazón del casco y, junto con la quilla, forman su esqueleto.
— La quilla (7), pieza que va de proa a popa por debajo del barco y sobre la que se apoyan todas las cuadernas, y que viene situada en la mitad del casco.
— Los espacios de carga, que se sitúan en el fondo (8), en los costados (9), compartimentados por los mamparos (10), en las cubiertas (11) y en los entrepuentes (12).

• La cámara de máquinas (13) contiene los motores, principalmente diésel, y las calderas, y conectan con la hélice usualmente mediante un engranaje reductor (14).

- Los equipos incluyen las bombas, las escotillas (15), los elementos de carga (16; por ejemplo, plumas y grúas), el equipo de fondeo y amarre (17; por ejemplo, el ancla), la rueda del timón (18), la pala del timón (19) y el equipo de salvamento (20).

Los componentes básicos de un buque en servicio son tres:

- Corporal-buque, que incluye el casco, las máquinas de propulsión, los equipos y las instalaciones.

- Inteligente, es decir, la tripulación.

- Auxiliar-complementos y energía, que abarca:

  - Pertrechos: elementos necesarios para el funcionamiento del buque; por ejemplo, pintura y estachas o cuerdas que sujetan el buque a tierra.
  - Respetos: piezas de repuesto de la maquinaria principal y auxiliar.
  - Víveres.
  - Combustibles.

Por su parte, las principales funciones de un buque son:

- Navegar o trasladar una mercancía o un pasaje de un lugar a otro.
- Recalar en puertos, también en casos de arribada (lo que implica llegar al puerto más cercano cuando se produce una avería).
- Zarpar o hacerse a la mar, lo que designa el inicio del viaje, cuando el buque sale del puerto hacia alta mar.
- La forma más común de esperar la carga consiste en aguardar la misma con el buque atracado en un puerto o fondeado fuera del abrigo portuario (se hace en algunos casos para evitar el pago de tasas portuarias) y en la costa.
- Atracar en instalaciones portuarias significa arrimar una embarcación al muelle.
- Acondicionar espacios de carga, lo que entraña optimizar dichos espacios porque la carga implica una retribución económica, cosa que no sucede con el espacio destinado al motor.
- Cargar y descargar la mercancía.
- Estibar y desestibar la mercancía.

– Alojar a la tripulación. Dado que a bordo de un buque el trabajo es constante las 24 horas del día, y que en muchas ocasiones los trayectossuelen durar más de un día, los navíos destinan camarotes para la tripulación. En los buques de transporte de mercancías suelen situarse en la superestructura del buque, el puente.
– Comunicarse con el exterior, ya sea para realizar operaciones mercantiles o por razones de seguridad en la navegación.
– Afrontar situaciones de emergencia (por ejemplo, una embarrancada de la embarcación o una operación «hombre al agua»).
– Preservar la carga a bordo. Es preciso vigilar y asegurarse de que los avatares atmosféricos no afectarán a la mercancía transportada.

1.2 Tipos de buques y sus cargas

Las categorías de buques se suelen catalogar como de pasaje, carga, pesca y guerra. En esta obra nos centraremos básicamente en los buques de carga, que pueden a su vez clasificarse en buques para el transporte por mar y océanos, y según la tipología de la carga que transportan.

1.2.1 Trasporte por mares y océanos

En el transporte por mar y océanos existen tres grandes grupos de buques:

* **Buque oceánicos**
  – *De pasajeros,* ya sean de línea regular o cruceros para los que no existe periodicidad, pues varían su ruta según la época del año.
  – *De carga,* que pueden ser: *tramp* (tipo de navegación opuesta a los de línea regular; en la que el buque carga cualquier mercancía en cualquier punto de demanda); líneas regulares (son los que siguen un itinerario marcado con periodicidad y en función del tipo de buque transportan una u otra carga); petroleros (transportan crudo o carga líquida a granel en sus bodegas); graneleros (cuya carga puede ser grano, cemento, grava, etc.); portacontenedores, gaseros, quimiqueros (todo tipo de productos químicos) y frigoríficos (productos perecederos que han de mantenerse a una temperatura controlada, por ejemplo carne, fruta o pescado).
  – *Mixtos,* que combinan pasaje y carga.

Figura 3.2. **Buque de cruceros** dedicado al transporte de pasajeros.

- **Mar y cabotaje**
  - Trasbordadores, que transportan pasajeros y mercancías en forma de carga rodada, especialmente.
  - De carga.
  - Mixtos, de pasaje y carga.

- **Auxiliares,** que se clasifican en función de sus actividades:
  - *Cableros:* se dedican a tender cables de telecomunicaciones por mar.
  - *Dragas:* son embarcaciones que llevan instalada una draga o aparato que se utiliza para limpiar o excavar en las áreas portuarias o canales. Suelen tener unos tanques laterales que se llenan de agua para mantener la estabilidad del buque cuando el tanque central está vacío, y este último es el que recoge el lodo y fango del fondo del mar, puerto o río.
  - *Remolcadores:* son navíos cuya función es trasladar a otros buques o estructuras flotantes que no se pueden propulsar por su propia fuerza motriz. Se utilizan en las operaciones de entrada y salida de los puertos, especialmente con aquellos buques que no poseen hélices en la proa, ya que la maniobrabilidad es menor, y sobre todo para el tráfico fluvial.
  - *Rompehielos:* sirven para mantener abiertos los mares o ríos que se hielan para que sea posible la navegación.
  - *Faros:* se trata de buques cuya función es iluminar como un faro. Se emplean en algunas zonas por razones económicas o de infraestructura.

Figura 3.3. Buque hidroala *(hydrofoil)* para el transporte de pasajeros en trayectos cortos.

- Hidroala *(jetfoil* o *hydrofoil):* son navíos muy rápidos que se desplazan fuera del agua sobre un soporte a modo de alas, perpendiculares a la embarcación, capaces de elevar el casco sobre el agua.
- *Aerodeslizador (hovercraft):* consta de un colchón de aire situado entre el casco y el agua con la que contacta.
- *Perforadoras,* suministro a plataformas *offshore:* un caso típico de estas embarcaciones auxiliares son las plataformas extractoras de petróleo en alta mar.

1.2.2 Buques según su carga

Atendiendo a la carga que transportan, existen los siguientes tipos de buques:

- **Buque de carga de línea regular** *(traditional cargo liner).* Posee un mínimo de tres cubiertas, en las que se hallan distribuidos de forma entremezclada depósitos para graneles, bodegas refrigeradas y equipos de carga y descarga que dispone en cubierta. Dejó de construirse en la década de 1970.

- **Buque portacontenedores** *(container ship).* Carga contenedores que se estiban sobre cubierta y en las bodegas, por lo que las escotillas son muy amplias o a veces inexistentes. Las bodegas se hallan divididas mediante mamparas en celdas y disponen de guías para fijar el contenedor estibado. En función de su capaci-

Figura 3.4. Buque portacontenedores para tráficos transoceánicos.

dad, las categorías de los buques portacontenedores son las que se describen en la figura **. En el caso de los contenedores frigoríficos, la toma de electricidad puede ser individual o bien existir una red de refrigeración desde el buque hacia estos contenedores. En función del servicio que prestan pueden clasificarse en:

- *Portacontenedores transoceánicos,* que realizan las principales rutas de navegación internacional transoceánica y viajan entre los puertos concentradores.
- *Buques alimentadores,* que viajan entre puertos oceánicos concentradores o *hub* y puertos de menor tamaño o *feeder,* dentro de una misma área geográfica.

- **Buque de carga horizontal** *(roll-on/roll-off ship).* Transporta carga rodada (plataformas rodantes, remolques o semirremolques, camiones, vagones, etc.). El interior de sus bodegas es un garaje de varios pisos comunicados por rampas y el acceso suele situarse en la popa o en el costado. La carga rodada accede al buque conducida y por sistema de tracción propio o mediante carretillas elevadoras.

- **Buque portabarcazas** *(LASH ship).* A través de puentes-grúa se abren las escotillas y se introducen las barcazas mediante un elevador. Al llegar al punto de destino, son desestibadas. Asimismo, estos buques pueden transportar carga general, contenedores, paletas y graneles secos.

Generación	Tipo	Capacidad (TEU)	Eslora (m)	Manga (m)	Calado (m)
1.ª 1956-1970	Carguero o petrolero convertido 	500-800	135-200	32,2	9
2.ª 1979-1980	Celular 	1.000-2.500	215	30	10
3.ª 1980-1988	*Panamax*	3.000-4000	250-290	32	11-12
4.ª 1988-2000	*Postpanamax*	4.000-5.000	275-305	40	11-13
5.ª 2000-2005	*Super postpanamax*	5.000-8.000	335	42	13-14
6.ª 2006	*Suezmax – Nuevo panamax* 	11.000-14.500	397	56	15,5
7.ª 2013	*Malacamax* 	18.000	458	60	20

Figura 3.5. Evolución en las características de los buques portacontenedores.

- **Buque multipropósito** *(multipurpose ship)*. Suele tener dos cubiertas adaptadas a la carga de contenedores, al igual que sus bodegas. Los más modernos combinan sistema ro-ro, refrigeración, tanques y capacidad para levantar carga pesada. Pueden transportar graneles líquidos y secos, carga sobre tráiler, grandes piezas, palés, contenedores, o carga general y perecedera.

- **Buque petrolero** *(crude oil carrier)*. Sobre cubierta se distribuyen los tubos y mangueras para cargar y descarga el crudo. El interior de la bodega se divide en mamparos y se exige que sean de doble casco. Su construcción comporta el establecimiento de tanques segregados, de modo que algunos de ellos se des-

Figura 3.6. Buque LNG para el transporte de gas natural licuado.

tinan a transportar solamente agua cuando el buque ha descargado el crudo y va en lastre, y el resto solo transporta crudo.

- **Buque quimiquero** *(chemical tanker)*. Es para graneles líquidos, provisto de tanques con sistema de tuberías y bombeo individual. Pueden estar construidos de acero inoxidable y con doble fondo.

- **Buque LPG** *(liquefied petrol gas)*. Transporta tanques de petróleo y gas licuado. Se caracterizan por cargar estas materias a altas presiones y a temperaturas de hasta −104 ºC.

- **Buque LNG** *(liquefied natural gas)*, para la carga de gas natural licuado a una presión atmosférica y con una temperatura de −162 ºC, que se deposita en unos tanques aislados por una membrana. Las condiciones de transporte conjugan que bajando la temperatura, la presión en el transporte es similar a la atmosférica.

- **Buque granelero** *(bulk carrier)*, para el transporte de graneles sólidos y líquidos. Normalmente dispone de dos tanques laterales para crudo y uno central con carga mineral. Suele estar desprovisto de grúas. Algunos pueden atender alternativamente el transporte de líquidos o sólidos, como los denominados «obo».

Figura 3.7. Operaciones de carga en un buque granelero.

- **Buque cementero.** Guarda la carga en sus bodegas mediante un sistema de fluidificación. Se utilizan medios neumáticos para descargar.

- **Buque OBO** *(ore-bulk-oil).* Carguero que combina graneles secos y líquidos, como mineral, grano o crudo.

Figura 3.8. Buque cementero.

- **Buque refrigerado.** Dispone de un sistema de aire refrigerado a través de conductos y bodegas aisladas, especial para carga perecedera.

- **Buque para cargas pesadas o especiales.** Buque mercante especialmente adaptado para el transporte de cargas pesadas y voluminosas. Sus bodegas suelen ser de grandes dimensiones, habitualmente provisto de grúas puntales de gran capacidad.

2   Operaciones marítimas portuarias

El puerto es el lugar en el que se lleva a cabo el conjunto de actividades derivadas de la partida y llegada de los buques. Todas las empresas y organismos que participan de la actividad marítima se dan cita en el puerto, que es un enclave físico y económico. El objetivo de estas operaciones es conseguir un buque eficiente para la gestión naviera, seguro y que cubra las necesidades comerciales. El buque es el centro de actividades que hacen referencia a:

- La documentación del buque.
- La tripulación.
- El mantenimiento.
- El suministro de búnker.

2.1   Documentos del buque

Para su estudio, pueden agrupase en dos bloques:

- Documentos obligatorios del buque. Se exigen por imperativo legal nacional o internacional o por las sociedades de clasificación.
- Documentos facultativos del buque (pueden o no llevarse a bordo).

2.1.1   Documentos obligatorios

Entre los documentos obligatorios del buque, se encuentran los siguientes:

- **Patente de navegación.** Viene impuesta por la autoridad del Estado del pabellón del buque. En ella consta el nombre de la persona física o jurídica propietaria de la nave, el registro8 en el que se encuentra, las medidas de eslora, manga y puntal, y el sometimiento del buque a la legislación de su pabellón.

- **Certificado de arqueo.** Exigido por el convenio internacional de reglas de arqueo de 1969, recoge las dimensiones y características principales del buque, volúmenes y tonelaje de arqueo.

- **Licencia de estación de barco.** Obligada por el convenio internacional de telecomunicaciones, muestra básicamente los equipos de transmisión y demás sistemas de comunicación con que cuenta el navío.

- **Certificado internacional de francobordo.** Está recogido en el convenio internacional de líneas de carga de 1966 y señala cuál será la línea de francobordo en función del material de construcción de la embarcación, la zona de navegación, el tipo de agua y la estación del año. La línea de francobordo es la medida que dista entre el calado máximo de un barco y la cubierta principal.

- **Certificado de anclas y cadenas.** Expedido por una sociedad de clasificación, verifica el estado de estos elementos esenciales en las funciones de atraque, desatraque y fondeo.

- **Certificado de navegabilidad.** Impuesto por autoridad del Estado del pabellón del buque, reúne informaciones sobre el casco, el equipo y la maquinaria del buque.

- **Certificado de seguridad de construcción.** Se desprende del Convenio internacional para la seguridad de la vida humana en el mar, también conocido como Convenio SOLAS.

- **Certificado de seguridad de equipo para buque de carga.** Se estipula en el Convenio SOLAS. Indica el estado, número y situación de los botes, aros, balsas y chalecos salvavidas.

- **Certificado de reconocimiento de la balsa de salvamento.** Se estipula en el Convenio SOLAS.

- **Certificado de reconocimiento de material náutico.** Se rige por las indicaciones del Convenio SOLAS. En una extensa lista de material náutico, se anotan el número, la marca de cada elemento y otras observaciones (compás magistral, compás de gobierno, compás de popa, mortero de respeto, taxímetro, corredera de hélice, etc.).

- **Certificado de seguridad radiotelegráfica para buque de carga.** Se rige por las indicaciones del Convenio SOLAS. En él constan informaciones como las horas de escucha por operador, el número de operadores, si hay o no autoalarma e instalación principal, etc.

- **Certificado de medios de carga.** Se exige por las autoridades de algunos países.

- **Certificado de prevención de la contaminación por hidrocarburos.** Se extiende siguiendo las indicaciones del Convenio Internacional para Prevenir la Contaminación por los Buques, conocido como Convenio Marpol 73/78, en los diferentes aspectos que cubren sus anexos: hidrocarburos, productos químicos tóxicos, aguas residuales, basuras y emisiones aéreas contaminantes).

- **Cuaderno de enrolamiento (rol) de la tripulación.** Viene impuesto por la autoridad del Estado del pabellón del buque; en él se refleja todo el personal de abordo, con sus funciones.

2.1.2 Documentos facultativos

Por otro lado, entre los documentos facultativos del buque, se encuentran:

- Certificado de seguro o garantía financiera relativo a la responsabilidad civil por daños causados por la contaminación de hidrocarburos.
- Certificado de clasificación.
- Registro de inspección de francobordo.
- Certificado de responsabilidad financiera por contaminación de las aguas.
- Servicio de guardacostas de Estados Unidos.
- Certificado de inclusión de la tripulación en las contingencias de accidentes de trabajo y enfermedades profesionales.
- Póliza de seguro de cascos y máquinas, guerra y huelgas, clubes de protección e indemnización, etc.

2.2 Mantenimiento del buque

El mantenimiento consiste en efectuar el conjunto de actividades encaminadas a optimizar la disponibilidad de un equipo o instalación. En el caso del buque, estas actividades persiguen aumentar la utilidad, conservar la calidad de servicio y el valor de las instalaciones, maximizar la seguridad y mejorar la rentabilidad.

La tecnología naval busca la producción de aparatos más sofisticados y que ocupen el menor espacio posible, de manera que se permita aumentar el espacio de carga, preservando los espacios necesarios para trabajar con las máquinas y, en su caso, para reponerlas. No obstante, cuanto mayor sea la complejidad de los instrumentos, más difícil será su mantenimiento. Además, hay que considerar las medidas de seguridad y el personal necesario para el funcionamiento de los equipos, los requerimientos físicos del personal o los factores ambientales y, por último, la formación necesaria para las personas que utilice estos aparatos.

Las técnicas de mantenimiento de la maquinaria de un buque son, básicamente:

- *Correctivas,* cuando tratan de solucionar cualquier avería o restituir un aparato cuando este deja de funcionar correctamente. Se utilizan en instalaciones pequeñas y poco especializadas.

- *Preventivas,* las dirigidas a asegurar la durabilidad de la máquina y optimizar su funcionamiento. Pueden estar impulsadas, en primer lugar, por las empresas fabricantes, quienes facilitan formación y manuales para efectuar un mantenimiento adecuado.

- *Predictivas,* las que emplean elementos auxiliares para analizar el estado de las máquinas, prevenir las averías y detectar las que existen.

El mantenimiento del buque en un estado óptimo tiene importantes repercusiones en la actividad marítima. El mismo hecho de que los documentos del buque estén en regla depende en gran parte del buen estado del navío. Si un barco carece del certificado de navegabilidad, por ejemplo, ninguna empresa naviera querrá explotarlo comercialmente.

2.3 Suministro de búnker

La palabra inglesa *bunker* significa «carbonera» en castellano. Antiguamente, los barcos a vapor empleaban el carbón como fuente de energía; hoy se conserva este

Figura 3.9. Buque para el suministro de búnker.

vocablo entendido como la operación de llenado de combustible en los tanques de un navío.

La previsión de suministro de búnker debe ser conocida por el capitán antes de comenzar un viaje, de manera que este sepa cuándo, qué cantidad, tipo y en qué puerto o puertos deberá repostar. Aunque, por lo general, el capitán está en contacto con la empresa naviera o fletadora, y el operador encargado del buque, quien conoce los viajes previstos para el buque, y planifica el suministro de búnker. En caso de que apareciera una emergencia fuera de los planes previstos por el operador, el capitán se pondrá en contacto con su empresa contratante.

Generalmente, el operador contacta directamente con una empresa suministradora de búnker o con un intermediario, el bróker, que se informará del suministrador más adecuado del puerto en el que haya de repostar. Acordados todos los detalles (fecha de llegada al puerto, tipo y cantidad de combustible, precio, comisión en caso del bróker, y líneas crediticias), se suministrará el crudo al buque.

La toma de combustible juega un papel muy importante en el viaje de un buque, ya que es un factor económico significativo en su explotación. El precio, la calidad y el servicio de un suministrador decidirán si un buque reposta en uno u otro puerto. En función del combustible necesario para un determinado viaje, del combustible que queda en el barco y de la carga que se va a transportar (el peso puede obligar a repostar más veces, por ejemplo) se decidirá el plan de búnker.

Las zonas de suministro de búnker más importantes son las siguientes (por orden de preferencia dentro de cada área):

- Europa: puertos de Rotterdam –el más importante–, Amberes, Gibraltar, Algeciras, Pireo y Estambul.
- África: Dakar, Durban, Lagos, Ceuta, Las Palmas y Tenerife.
- Oriente Medio: Fujairah en los Emiratos Árabes Unidos, es el más importante a escala mundial .
- Asia: Singapur, Hong Kong, Busan y Shanghai.
- América: Panamá, Los Ángeles y Long Beach.

3 Aspectos jurídicos del buque

En este apartado vamos a tratar el estatuto jurídico del buque, cuál es su concepto en la legislación, su construcción, las normas administrativas que lo amparan a efectos de registro y el pabellón que enarbola, cómo se puede adquirir o transmitir, la hipoteca naval, los créditos marítimos privilegiados que nacen del buque y el efecto económico del instrumento jurídico-procesal del embargo preventivo de buques.

3.1 Concepto jurídico del buque

El Convenio sobre el reglamento internacional para prevenir los abordajes (RIPA), de 1972, define en su regla 3: «La palabra «buque» designa a toda clase de embarcaciones, incluidas las embarcaciones sin desplazamiento y los hidroaviones, utilizadas o que puedan ser utilizadas como medio de transporte sobre el agua».

Diferentes normativas y legislaciones nacionales e internacionales amplían el concepto jurídico del buque, que en términos generales se define como:

- **Buque**
  Todo vehículo con estructura y capacidad para navegar por el mar y para transportar personas o cosas, que cuente con cubierta corrida y de eslora igual o superior a veinticuatro metros.

- **Embarcación**
  Vehículo que carezca de cubierta corrida y el de eslora inferior a veinticuatro metros, siempre que, en uno y otro caso, no sea calificado reglamentariamente como unidad menor en atención a sus características de propulsión o de utilización.

- **Artefacto naval**
  1. Toda construcción flotante con capacidad y estructura para albergar personas o cosas, cuyo destino no es la navegación, sino quedar situada en un punto fijo de las aguas.
  2. Buque que haya perdido esta condición por haber quedado amarrado, varado o fondeado en un lugar fijo, y destinado, con carácter permanente, a actividades distintas de la navegación.

- **Plataforma fija**
  1. Estructura o instalación susceptible de realizar operaciones de explotación de los recursos naturales marítimos o de destinarse a cualesquiera otras actividades, emplazada sobre el lecho del mar, fondeada o apoyada en él.
  2. Por encontrarse permanentemente sujeta al fondo de las aguas, la plataforma fija tiene la consideración de bien inmueble.

La regulación interna del Estado cuyo pabellón enarbole un buque en cuestión y los convenios internacionales que le sean aplicables darán en cada caso una definición exacta de lo que se entiende por buque a efectos jurídicos. Ahora bien, como estas definiciones comprenden tanto las grandes como las pequeñas embarcaciones y las plataformas, es deseable aunar criterios y entender por buque en el transporte marítimo, tal y como subrayan Gabaldón y Soroa,[2] aquel que reúna las siguientes características:

- Flotabilidad.
- Aptitud para navegar.
- Capacidad para transportar personas o cosas.
- Efectiva destinación a la navegación.

3.2   *Contrato de construcción naval*[3]

La empresa naviera es el verdadero núcleo del transporte marítimo y el buque es su instrumento. La construcción de este elemento esencial se lleva a cabo mediante un

---

[2] Gabaldón García, José Luis, y Ruiz Soroa, José María: Manual de Derecho de la navegación marítima, ed. Marcial Pons, Madrid, 1999, p. 173.

[3] Para ampliar información sobre contratos de construcción naval, puede consultarse la Ley 14/2014, de Navegación Marítima española (artículo 108.1).

contrato entre un futuro propietario, como, por ejemplo, una empresa naviera, y el astillero. Por el contrato de construcción naval, una persona física o jurídica encarga a otra la construcción de una nave a cambio de una cantidad de dinero que deberá ser entregada en una fecha y lugar determinados. Este contrato, referido a la creación de una cosa nueva, es un modo originario de adquirir la propiedad del buque.

Existen dos modalidades de encargo:

- *Por administración,* donde la parte interesada dirige la obra, y aporta los planos y los materiales. Este tipo está especialmente relegado a la construcción de pequeñas embarcaciones. La persona que encarga la obra es el propietario final de la embarcación y también lo es durante su construcción. Todos los riesgos corren de su cuenta.

- *Por empresa, presupuesto o precio alzado.* En este caso, la obra se encarga a un astillero que puede aportar los materiales y la mano de obra, aunque también es posible que los facilite la parte interesada. Es un contrato de arrendamiento de obra. Los riesgos corren a cuenta de la empresa si esta aporta los materiales y la totalidad de la mano de obra; si los proporciona quien efectúa el encargo, aunque sea en parte, esta asumirá los defectos y otros problemas que puedan darse proporcionalmente, y el astillero será responsable de todo lo que se derive de su actividad constructiva.

Las estipulaciones de un contrato de construcción naval suelen ser las siguientes:

- Objeto del contrato, descripción y clasificación.
- Inspección y aprobación de la construcción.
- Modificaciones que puedan aparecer.
- Pruebas.
- Garantías de velocidad, peso muerto y consumo específico del motor principal.
- Aspectos relacionados con la entrega del buque.
- Precio y forma de pago.
- Derechos de propiedad.
- Seguro de la empresa constructora.
- Incumplimientos por parte de la naviera.
- Incumplimientos por parte de la empresa constructora.
- Garantía de calidad y técnico de garantía.
- Patentes.
- Leyes del contrato, consulta a equipos profesionales con experiencia y arbitraje.

- Condiciones para la entrada en vigor del contrato.
- Cesión de derechos.
- Direcciones para la correspondencia.

3.3   Registro

El principio registral de los bienes inmuebles abrió en su momento una excepción con los buques, bienes muebles que poseen la peculiaridad de estar registrados. Una vez construido el buque, su propietario tendrá que proporcionarle un nombre identificativo, que no deberá coincidir con otro nombre ya existente; si se trata de un nombre compuesto no constará de más de tres palabras, y si presenta un anagrama será distinto de cualquier otro.

Una vez el buque esté nominado, deberá domiciliarse. Al margen del domicilio de la naviera propietaria del buque, este podrá matricularse en un puerto que pertenezca a un distrito marítimo. El puerto de matrícula conlleva efectos administrativos tanto para el abanderamiento, del que se hablará en breve, como para la tripulación, puesto que su centro de trabajo, que es el buque, se remite al puerto donde se matriculó y la legislación laboral que se deba aplicar será la de ese lugar.

Tras la identificación y la domiciliación, aunque cada país puede tener normativas particulares, el buque puede quedar registrado en dos registros distintos, de carácter administrativo y mercantil. Tomando como referencia la legislación española, estos registros son:

- **Registro administrativo** o Registro de buques y embarcaciones navieras. Responde básicamente a criterios administrativos y su contenido tiene efectos en todas las relaciones privadas. Con este requisito se impone la legislación y bandera del país en donde se registra la embarcación. En este registro se clasifican las embarcaciones según sus características y funciones:

  1. Plataformas de extracción de productos del subsuelo marino, remolcadores de altura, buques de apoyo y los dedicados al suministro de las plataformas.
  2. Buques de transporte de personas, de mercancías o de ambas.
  3. Buques comerciales dedicados a la pesca y extracción de otros recursos marinos vivos.
  4. Embarcaciones auxiliares de pesca, de acuicultura y artefactos para el cultivo de especies marinas.

5. Remolcadores, embarcaciones de servicios portuarios, radas y bahías.
6. Embarcaciones deportivas o de recreo explotadas con fines lucrativos.
7. Embarcaciones deportivas o de recreo utilizadas sin ánimo de lucro.
8. Buques y embarcaciones de organismos públicos.
9. Buques, embarcaciones y artefactos navales en construcción.

Desde el momento en que se construya el buque y durante toda su utilización, se deben anotar en el registro los cambios de nombre o clasificación, así como los de propiedad, hasta que el buque sea dado de baja por desguace, naufragio o cambio de propiedad hacia un país extranjero. Por matrícula se entiende la inscripción de un buque en este registro, donde también se inscriben las empresas navieras.

- **Registro mercantil.** En su sección de registro de bienes muebles, se recogen los cambios de propiedad y la constitución, modificación o cancelación de cualquier gravamen que pese sobre el buque. Este registro, es obligatorio y público, por lo que todo lo que conste en él se presumirá cierto desde la fecha de la inscripción en perjuicio de terceros. Así, lo que debiendo constar no aparezca, no podrá tomarse en consideración.

Aunque la coordinación de ambos registros debería ser un modelo de funcionamiento normalizado en cualquier Administración, en la práctica no siempre es así, debido fundamentalmente a motivos organizacionales.

3.4 Abanderamiento

La nacionalidad del buque viene determinada por su abanderamiento. El efecto del abanderamiento de la inscripción del buque en el registro administrativo será nexo legal del buque con un Estado, de manera que la legislación del país cuya bandera enarbole el buque le será de total aplicación y afectará a todas las cuestiones jurídicas que puedan tener lugar en el buque. Sin embargo, es preciso tener en cuenta que si ese Estado ha ratificado determinados convenios internacionales, estos, como parte de su legislación interna, también se aplicarán sobre el buque.

Antiguamente existía un lazo coincidente entre la bandera del buque y la nacionalidad de la empresa naviera que lo explotaba. Hoy en día, el cambio de bandera es muy fácil y rápido en determinados paraísos fiscales. Se ha roto así el vínculo tradicional entre pabellón y empresa naviera y han proliferado las banderas de conveniencia, cuyo único fin es aminorar costos en el negocio del transporte marítimo. Las consecuencias negativas de los pabellones de conveniencia, también llamados subestándar, afectan principalmente a la seguridad marítima y a las condiciones laborales de la tripulación, que en muchas ocasiones no alcanzan los mínimos establecidos por la OIT.

Así, paralelamente, aparece el doble registro nacional, que pretende ser una figura híbrida entre los dos registros, nacionales y de conveniencia, es decir, exige unos mínimos estándares contrarrestados con unos atractivos beneficios fiscales.

3.5   La propiedad del buque

La propiedad del buque es un derecho real por el que se dispone, se utiliza y se puede reclamar, bajo los límites de la ley.

La transferencia de un buque requiere su notificación al departamento responsable del registro de la Administración de cada país; en caso contrario, se invalidaría la venta de la embarcación. Pueden ser departamentos y requisitos distintos en función de la eslora del buque.

Los buques se pueden adquirir de varios modos clasificables en:

- **Modos de derecho privado**
  En el derecho privado, los modos para adquirir la propiedad son:

    - Construcción naval.
    - Compraventa.
    - Usucapión naval.
    - Abandono a los aseguradores.

    El contrato de compraventa de un buque es aquel por el que una persona física o jurídica, llamada comprador, se compromete con otra para adquirir un buque concreto a cambio de una determinada cantidad de dinero, y el vendedor, la otra parte, se obliga a entregárselo. Al margen de la venta forzosa y judicial que suele nacer de procedimientos ante los tribunales, aquí se habla de la venta voluntaria, que en la mayoría de las veces se lleva a cabo según un formulario. Los formularios también se utilizan para la construcción naval y para casi todos los contratos de transporte marítimo, vienen creados por instituciones vinculadas a la actividad marítima y son un exponente de la globalización y tendencia a la uniformidad del comercio y del derecho marítimo.

La usucapión naval es otro modo de derecho privado de adquirir la propiedad y puede ser:

– *Ordinaria:* la posesión de dominio durante tres años, tras haber inscrito el título de dominio, perfecciona el derecho a la propiedad del buque. Pasados tres años de la inscripción en posesión del buque, este se convierte en propiedad de su poseedor.

– *Extraordinaria:* tiene lugar cuando hayan pasado diez años de posesión ininterrumpida de la nave, aun cuando no se haya inscrito el título de dominio. En este caso también se adquiere la propiedad del buque.

El abandono a los aseguradores se da cuando el asegurado abandona el buque al asegurador para cobrar de este la suma asegurada. Se trata de negocio unilateral, pero si falta aceptación por parte del asegurador, el asegurado necesitará de una declaración judicial para poder trasladar la propiedad del buque al asegurador y recibir de este último la suma convenida.

- **Modos de derecho público**
  Implican la adquisición de la propiedad del buque por parte del Estado, basándose en un interés general o como respuesta a una sanción, y son:

  – *El comiso* o *confiscación del buque* es una medida sancionadora consecuencia de un delito o infracción de contrabando.

  – *La requisa,* que puede ser militar, en tiempos de guerra, o civil, por razones de orden público y seguridad, por ejemplo terremotos. En ambos casos supone el uso temporal por parte de las autoridades de las embarcaciones y no existe un traslado definitivo de la propiedad.

  – *La presa naval,* prácticamente desaparecida, es la posibilidad de que un Estado se apropie de un buque enemigo durante una guerra.

3.6 Hipoteca naval

El buque es un bien mueble por naturaleza, pero con la característica excepcional de poder ser hipotecado, ya que esta figura jurídica fue creada inicialmente solo para los bienes inmuebles. La hipoteca naval es un contrato accesorio de otro principal al que garantiza por medio de la afección real del buque, pero también puede ser un contrato por el que aparece un derecho real de hipoteca sobre el buque.

Como contrato accesorio, se requiere que lo pacten sujetos con la capacidad necesaria para llevar a cabo actos de disposición. El objeto es el buque construido o en construcción (debe haberse ya alzado como mínimo un tercio del navío); por el carácter formal del contrato se exige forma escrita. En cambio, como contrato del que se deriva el derecho real de hipoteca sobre el buque a favor del acreedor, requiere inexcusablemente publicidad registral.

La hipoteca naval se regula por el Convenio internacional para la unificación de ciertas reglas relativas a privilegios e hipotecas marítimas (Bruselas, 1926), y el Convenio internacional sobre los privilegios marítimos y la hipoteca naval (Ginebra, 1993).

Como ejemplo de la aplicación de estas regulaciones internacionales, la Ley 14/2014 de Navegación Marítima española manifiesta que «La hipoteca naval sujeta directa e inmediatamente el buque sobre el que se impone, cualquiera que sea su poseedor, al cumplimiento de las obligaciones para cuya seguridad fue constituida».

La hipoteca permite al acreedor perseguir al buque donde quiera que esté y sea quien sea el dueño del mismo, con el fin de ejercitar su crédito. Además, la hipoteca es preferente a algunos créditos marítimos privilegiados, según se define en el convenio de 1926.

El acreedor hipotecario puede ejercitar su derecho de hipoteca:

a) Al vencimiento del plazo para la devolución del capital o para el pago de los intereses, en la forma que se hubiere pactado.
b) Cuando el deudor fuese declarado en concurso.
c) Cuando el buque hipotecado sufriese deterioro que le inutilice definitivamente para navegar.
d) Cuando existieren dos o más buques afectos al cumplimiento de una misma obligación y ocurriese la pérdida o deterioro que inutilice definitivamente para navegar a cualquiera de ellos, salvo pacto en contrario.
e) Cuando se cumplan las condiciones pactadas como resolutorias de la obligación garantizada, y todas las que produzcan el efecto de hacer exigible el capital o los intereses.

De esta manera, la hipoteca naval se presenta, por un lado, como contrato accesorio que garantiza uno principal mediante la afección real del buque y, por otro, como contrato del que nace un derecho real sobre el buque a favor de un acreedor marítimo.

3.7 Créditos marítimos privilegiados y embargo preventivo de buques

Un crédito es el derecho de una persona (acreedor) a cobrar una deuda sobre otra persona (deudor). Una garantía sirve para afianzar el cumplimiento de una obligación o compromiso de una persona con el fin de asegurar un derecho de otra. La garantía añade al crédito una seguridad, mediante la que el acreedor confiará en la satisfacción de su derecho. El derecho que tiene alguien, llamado «acreedor», para cobrar una deuda es un crédito. Si se extrapola esta idea a la actividad marítima, por ejemplo el suministrador que proporciona el combustible a un buque para la realización de un viaje, pagadero al término del viaje, se podrá aprecia un crédito marítimo nacido de esta operación comercial.

El patrimonio naval constituido por el buque y sus accesorios ha sido dotado para el pago de determinados créditos por los llamados «privilegios navales», cuyos titulares gozan de un carácter preferente y un derecho de persecución sobre el buque; el pago de tales créditos afecta al patrimonio naval. Si se vuelve al ejemplo anterior, el acreedor marítimo es el que ha suministrado el combustible, es el titular de un crédito marítimo cuya peculiaridad es la afección del buque, es decir, si transcurrido el viaje no se paga la deuda, el acreedor podrá tomar el barco y venderlo en pública subasta para cobrarse lo debido por el deudor.

El buque patrimonio de la empresa naviera es garantía de las obligaciones nacidas por su explotación, ya sean contractuales (construcción, reparación o aprovisionamiento) como extracontractuales (responsabilidades por abordajes, salvamentos, etc.). Los acreedores marítimos tienen este elemento patrimonial, el buque, como uno de los más importantes objetos de ejecución para, llegado el momento, materializar su crédito.

Para aumentar esta función de garantía y promover la explotación ordinaria del buque, el derecho marítimo ha constituido en normas los créditos marítimos que son privilegiados por ostentar soporte legal. En el ámbito internacional, en el Convenio para la unificación de ciertas reglas relativas a privilegios e hipotecas marítimas se enumeran los créditos marítimos privilegiados por orden de preferencia.

El embargo preventivo de buques es una medida procesal cautelar por la que un buque puede detenerse en un puerto y servir como garantía para el pago de un crédito si, tras el procedimiento declarativo pertinente, se prueba la existencia de la deuda derivada de ese buque y se demuestra la existencia de un crédito marítimo privilegiado ante la autoridad judicial competente.

Ello se regula por el Convenio internacional para la unificación de ciertas reglas relativas al embargo preventivo de buques (Bruselas, 1952), y por el Convenio Internacional sobre el embargo preventivo de buques (Ginebra, 1999).

Capítulo 4
Agente que intervienen en el transporte marítimo

Los agentes que intervienen en el proceso del transporte marítimo de mercancías o en las tareas derivadas de su actividad pueden clasificarse en dos apartados:

- Las empresas naviera y armadora y las conferencias marítimas.

- Los agentes colaboradores, imprescindibles para el desarrollo de las operaciones de transporte marítimo, que se agrupan como:

  - *Personal marítimo* colaborador de la naviera o colaboradores marítimos que se halla en contacto directo con el buque y el mar como vía de locomoción: capitán, dotación del buque –piloto, contramaestre, maquinista y sobrecargo–, servicios de práctico, remolque, amarre y estiba.

  - *Personal terrestre,* cuyo trabajo se realiza básicamente en tierra firme, aunque vaya dirigido a la operatividad del buque y que desempeña sus funciones en empresas consignatarias, transitarias, de carga y descarga de mercancías, agencias de aduanas, aseguradoras, o las dedicadas a la gestión naval, la inspección de cargas, la liquidación de averías, los comisario de averías, las sociedades de clasificación, así como las que actúan como fletador y los astilleros navales.

1   La propiedad del buque, las empresas naviera y armadora y las conferencias marítimas[4]

La propiedad del buque la desempeña la persona física o jurídica que figura como titular registral del buque, que lo dedica a la navegación bajo su propio nombre o lo arrienda a terceros. La persona propietaria estará facultada para solicitar la inscripción de la arrendataria no propietaria en el registro de bienes muebles, cuando así lo prevea la legislación.

La naviera es la persona física o jurídica que, utilizando buques mercantes propios o ajenos, se dedica a la explotación de los mismos, aun cuando ello no constituya su actividad principal. La naviera puede ser a su vez propietaria y/o armadora del buque.

Por su parte, la empresa armadora, siendo o no propietaria, tiene posesión de un buque o embarcación, directamente o a través de sus dependientes, y lo dedica a la navegación en su propio nombre y bajo su responsabilidad.

El término armador provoca confusiones al no existir un vocablo equivalente en inglés. Una de las traducciones que se utiliza es *shipowner,* que según el derecho anglosajón corresponde a cuando quien explota el buque (armador) y el propietario son la misma persona. Sin embargo, el problema surge cuando armador y propietario son personas distintas, como ocurre en los supuestos de arrendamiento de buques. En la práctica, se utiliza el término *shipowner* para referirse a la empresa armadora aunque esta no sea la propietaria del buque.

La explotación económica del buque puede tener como objeto el transporte de mercancías, de pasajeros, el remolque de otros buques, la pesca, la investigación científica o el deporte, entre otros fines.

La figura del naviero como persona física ha quedado hoy relegada a un segundo plano por las sociedades mercantiles –personas jurídicas– que regentan el ejercicio económico de los buques, propiedad de aquéllas.

Al igual que cualquier otra empresa, la naviera debe poseer aptitud y capacidad para comerciar y hallarse inscrita en el registro mercantil u otros que la legislación prevea. Adicionalmente, como empresa marítima, deberá inscribirse en el registro de buques y empresas navieras.

Las legislaciones latinoamericanas han seguido el sistema de inscripción registral recogido en el código italiano, el cual presume que la inscrita en el registro es la empresa armadora, diferenciándose de otras legislaciones en donde quien se inscribe

---

[4] Ley 14/2014, de Navegación Marítima española, artículo 145.

es la propietaria del buque. Esto provoca que en caso de precisar el nombre de la armadora, el registro no será de utilidad al no costar su nombre.

1.1 *La limitación de responsabilidad de la empresa armadora*

La actividad empresarial de la empresa armadora se caracteriza por ser objeto de limitación de responsabilidad. Ello se explica básicamente por la falta de control de esta en beneficio del capitán, quien asumiendo amplias facultades gobierna el manejo del buque. Tanto las leyes nacionales como las internacionales amparan este principio limitador. Los convenios internacionales de mayor interés al respecto son los siguientes:

- Convenio internacional sobre limitación de la responsabilidad de los propietarios de buques que navegan por alta mar (Bruselas, 1957).
- Convenio sobre limitacion de la responsabilidad nacida de reclamaciones de derecho maritimo (Londres, 1976).
- Protocolo que enmienda el Convenio sobre limitación de la responsabilidad nacida de reclamaciones de derecho marítimo (Londres, 1996).
- Convención sobre la responsabilidad de los explotadores de buques nucleares internacional (Bruselas, 1962).
- Convenio internacional para la unificación de ciertas reglas en materia de conocimientos de embarque (Bruselas, 1924) y Reglas de la Haya-Visby/Protocolo Monetario (1968 y 1979).
- Convenio de Naciones Unidas sobre el transporte de mercancías por mar o Reglas de Hamburgo (Hamburgo, 1978).
- Convenio de las Naciones Unidas sobre el contrato de transporte. internacional de mercancías total o parcialmente marítimo (Rotterdam, 2009).

1.2 *Las conferencias marítimas*

También conocidas como conferencias de fletes, dado el concepto unitario de tarifas al que se someten las distintas navieras, aparecieron en 1875 con la línea de buques de vapor que iba del Reino Unido a la ciudad de Calcuta. Desde un primer momento surgieron discusiones en torno al régimen de la competencia. Algunos países, como Estados Unidos, optaron por un régimen de conferencias abiertas, mientras que Europa admitió conferencias cerradas o, lo que es lo mismo, sin intervención ni control público alguno.

Las conferencias marítimas se rigen por los siguientes códigos de conducta:

- La UNCTAD aprobó en 1974 un código de conducta para las conferencias marítimas. Los principales objetivos de este código son controlar las oscilaciones de los fletes en el mercado marítimo y proporcionar un mayor protagonismo a los países en desarrollo para influir en los tráficos de su comercio, así como a las empresas armadoras. No obstante, se ha desdibujado la capacidad de las conferencias con la transformación del mercado marítimo por criterios de integración. En efecto, la aparición de los operadores de transporte marítimo sin buque propio o NVOCC *(non vessel operating common carriers)* y el crecimiento del transporte intermodal ofrece una dimensión que sustituye la del transporte marítimo de puerto a puerto por el de puerta a puerta (desde el lugar de producción hasta el lugar de adquisición por el consumidor).

- No obstante, este código de conducta no es aplicable a todas las regiones económicas. En el caso de la Unión Europea, se considera que vulnera el derecho a la libre competencia, ya que limita la participación en el transporte marítimo a los navieros conferenciados. Así, tras la aprobación del Reglamento (CE) 1419/2006, las conferencias quedaron practicamente abolidas en Europa, siendo sustituidas por los consorcios, entendidos como acuerdos de colaboración que pueden beneficiarse de excensiones normativas, como la fijación de horarios de viaje o los puertos de escala, entre otras. Esta excención tendrá una duración máxima de cinco años y viene establecida en el Reglamento (CE) 906/2009 de la Comisión. En ningún caso se permitirá excención alguna en lo referente a la fijación de precios o la asignación de mercados, por ejemplo.

Las conferencias marítimas son, pues, un acuerdo entre varias empresas navieras con el fin de alcanzar una coordinación óptima para ofrecer un servicio de tráfico marítimo regular en una ruta concreta.

2   Los colaboradores de la naviera

Tienen esta consideración todas aquellas personas físicas o jurídicas cuya actividad profesional colabora con la explotación del buque, ya sea en mar o en tierra, razón por la que es posible referirse a colaboradores marítimos o terrestres.

2.1 Colaboradores marítimos

Se trata del personal marítimo colaborador de la naviera que se halla en contacto directo con el buque y el mar como vía de locomoción.

2.1.1 Capitán

Es la persona que ejerce el mando de la dotación y la dirección del buque desde el puerto de origen al de destino, de acuerdo con las instrucciones recibidas de la empresa naviera o de la armadora. La potestad del capitán se extiende a la dotación, al buque y a la expedición marítima, y viene fundamentada por la autarquía intrínseca de este medio de transporte.

Cuando el transporte marítimo de mercancías se realizaba mediante la navegación a vela, el capitán tenía una posición similar a la del armador. En muchas ocasiones, el capitán era copropietario del buque, y actuaba tanto profesional (mantenimiento, conducción del buque y gobierno de la navegación) como comercialmente (representación legal del armador y del cargador).

Como norma general, a escala internacional, los requisitos para la obtención del título de capitán se regulan en el Convenio internacional sobre normas de formación, titulación y guardia para la gente del mar (1978, STCW/78), y sus diferentes enmiendas. Las más destaclables son las Enmiendas de Manila (2010). Entre los requisitos que exige dicho convenio se encuentran la aptitud en el manejo de equipos del buque, y conocimientos suficientes sobre meteorología, prevención para sofocar incendios, manipulación de la carga y estiba, mecánica y gestión de personal, entre otros.

La empresa armadora es la encargada de nombrar al capitán, el cual ejercerá un poder autónomo y de mando en el buque como centro de trabajo mediante las siguientes funciones:

- **Funciones técnicas,** por las que el capitán debe prevenir la contaminación del mar y velar por la seguridad de la nave. La seguridad, adicionalmente, es inspeccionada por el Estado del pabellón o del puerto y por las sociedades de clasificación. Asimismo, debe supervisar la recepción de la carga a bordo, al igual que su estiba; solicitar la ayuda del práctico en las maniobras de entrada y salida al puerto, canal, ensenada y río y, en caso de accidente, ser el último en abandonar el barco.

  El capitán también es responsable de aplicar las reglas sobre prevención de abordajes. En caso de abordaje tiene el deber de prestar toda la ayuda posible al otro buque, siempre y cuando no ponga en peligro el propio o la tripulación. Si el buque se ve amenzado por un naufragio, el capitán aplicará las medidas para salvar los pasajeros, tripulación y la documentación del buque, principalmente el diario de navegación.

Respecto la figura del capitán, el Convenio SOLAS establece que ni la empresa propietaria del buque, ni la armadora, ni cualquier otra persona pueden obstaculizar las medidas que adopte para la seguridad de la vida humana en el mar y para la protección del medio marino. Asimismo, este convenio obliga a que exista una declaración en el buque donde se subraye la autoridad del capitán y que es a él a quien le corresponde de tomar las decisiones.

- **Funciones administrativas,** que hacen referencia a las obligaciones administrativas que imponen las leyes, los reglamentos de navegación y las normativas sanitarias, al igual que los documentos que han de llevarse a bordo del buque, como la patente de navegación, el rol de despacho y dotación, y el diario de navegación.

  - La *patente de navegación* autoriza al buque para navegar por los mares bajo el pabellón que enarbola y legitima al capitán para el ejercicio de sus funciones a bordo de dicho buque.
  - El *rol de despacho y dotación* es el documento donde figura la tripulación propuesta por la empresa armadora y aprobada por la Administración, con la finalidad de que la autoridad marítima de cualquier puerto pueda comprobarla.
  - El *diario de navegación* lo controla personalmente el capitán, que debe tomar nota diariamente de todas las incidencias que afecten al buque (una avería en la sala de máquinas, por ejemplo), a la carga (un contenedor frigorífico que deja de funcionar, por ejemplo), a la navegación (circunstancias meteorológicas o de otro tipo), así como de los actos de repercusión jurídica que tengan lugar en el buque (acuerdos con la tripulación o actos notariales, por ejemplo).

- **Funciones públicas,** debidas al aislamiento del buque en el mar. Estas funciones son de dos tipos:

  - *Seguridad y orden público* a bordo, como, por ejemplo, las medidas de policía a bordo en caso de peligro (el capitán podrá recluir y utilizar la fuerza si lo estimara conveniente contra aquella persona que provoque un peligro en el buque). El capitán deberá plasmar estas actuaciones en el diario de navegación, y ante la comisión de un delito dentro del buque, el capitán está facultado para tomar declaración al detenido y obtener pruebas que deberán entregarse a las autoridades competentes.

— *Notariales y de registro civil:* el capitán, en tanto que notario, podrá autorizar un testamento marítimo y, como encargado del registro civil, los matrimonios celebrados a bordo en el caso de que uno de los cónyuges esté en inminente peligro de muerte; también hará constar los nacimientos y fallecimientos que hayan tenido lugar en el buque y, en ambos casos, preparará su posterior inscripción en el registro civil que corresponda.

- **Funciones comerciales.** Dado que el capitán representa a la empresa naviera frente a tercera personas, podrá obligar a esta frente a aquéllas. Las normativas de cada país reconocen al capitán una serie de facultades inherentes y otras conferidas:

  - *Inherentes:* por ejemplo, nombrar o contratar a la tripulación o contratar un fletamento en ausencia del naviero, realizar todas las acciones necesarias para conservar el buque en buen estado, etc.
  - *Conferidas:* implican la ampliación de las anteriores; por ejemplo, la facultad extraordinaria de venta del buque y el poder de representación del capitán por parte de la naviera o de la carga.

Entre las funciones comerciales se encuentra la de custodiar la carga, lo cual conlleva realizar el trayecto por la ruta pactada; en caso contrario, el capitán deberá tomar la ruta más adecuada desde el punto de vista náutico, para beneficiar esa custodia.

Cabe señalar que en la función del capitán prevalece la de técnico encargado de dirigir la navegación del buque, ya que las compañías navieras, y las consignatarias que actúan como agentes de aquéllas en los distintos puertos y otras auxiliares terrestres son quienes llevan a cabo las funciones comerciales.

2.1.2 Dotación

El término dotación, al igual que los de tripulación y marinería, designa al conjunto de personas que desempeñan servicios en el buque. Así, se entiende por dotación de un buque «el conjunto de todos los individuos embarcados, de capitán a paje, necesario para su dirección, maniobras y servicio».

Entre los diferentes ordenamientos jurídicos, algunos consideran que los términos dotación *(ship's complement)* y tripulación *(crew)* son lo mismo, y los utilizan como sinónimos, mientras que otros ordenamientos solo conocen el término tripulación y no dotación (por ejemplo, la Ley de Navegación de Argentina), y otros conceptúan el término dotación en un sentido amplio e incluyen en él al capitán, los oficiales y la tripulación (Ley de Navegación de Chile). En la regulación internacional, en particular en los convenios de la OMI, se utiliza preferentemente el término tripulación.

El derecho laboral de algunos países, como España, por ejemplo, amplía el concepto de prestación laboral de actividades navales a todas aquellas que se desarrollen a bordo, desde las técnicas a las administrativas, incluyendo, por ejemplo, las culinarias.

En este sentido, el trabajo a bordo del buque se puede clasificar en los grupos siguientes:

- *Cuerpo de puente o cubierta:* corresponde al personal que dirige el buque y comprende tanto los servicios de navegación y maniobra como las operaciones de carga y descarga. En este grupo se encuentran las figuras de capitán, oficiales, pilotos, contramaestres y marinería.

- *Cuerpo de máquinas:* se refiere a las personas que dirigen y conducen las máquinas propulsoras y otras auxiliares, como las eléctricas. Se incluyen aquí las funciones de jefe de máquinas, oficial maquinista y mecánico, engrasador, limpiador, electricista, etc.

- *Cuerpo de comunicaciones:* formado por las personas que se ocupan de las instalaciones radioeléctricas y otros sistemas de comunicación del buque. El jefe de radiocomunicaciones y los oficiales radiotelegrafistas llevan a cabo las comunicaciones de la nave.

- *Cuerpo de administración:* es muy amplio en los buques de pasaje y comprende a los contables y a los encargados de la documentación del buque, la carga, los pasajeros, el equipaje, los servicios de alojamiento y los de alimentación. En los buques de transporte de mercancías existe un cuerpo de fonda, dirigido por el mayordomo o cocinero, al que auxilian los ayudantes de cocina, camareros y marmitones.

- *Cuerpo de sanidad:* está integrado por oficiales médicos y personal de enfermería, y solo existe en los buques que transportan pasajeros.

El número de personas y la categoría profesional de la tripulación se determina en función del nivel tecnológico del buque, la eslora, la potencia de las máquinas y las zonas de navegación. En su conjunto, estos profesionales deben ser aptos y suficiente para manejar el buque de manera eficiente y rentable, y actuar –cuando ello sea necesario– para la salvaguarda de la vida humana, el navío y el medio marítimo. El documento denominado rol de despacho y dotación plasmará la inscripción de todos los miembros de la tripulación y sus categorías profesionales.

Aunque no es así en todos los países, pertenecer a la dotación de un buque puede implicar poseer la nacionalidad del país de abanderamiento o de algún país de su región económica (como ocurre en el área de integración económica de la Unión Europea), estar inscrito en el registro que la Administración haya habilitado, en el que se incluirán los enroles, desenroles y demás circunstancias de la vida laboral del marino. En el caso de los oficiales superiores, también puede ser necesaria su pertenencia a una entidad profesional reconocida.

Además del Convenio internacional sobre normas de formación, titulación y guardia para la gente del mar, hay otras normas internacionales de aplicación a la marinería, emanadas de instituciones como la Organización Internacional del Trabajo (OIT), la Organización Mundial de la Salud (OMS), para la salubridad y habitabilidad de los buques y sus instalaciones, y de algunas organizaciones sindicales, como la Federación Internacional de los Trabajadores del Transporte (ITF).

En cuanto a la normativa internacional, cabe destacar la siguiente:

- Convenio internacional para la seguridad de la vida humana en el mar y su Protocolo de 1988 (Convenio SOLAS/74/88), que obliga a los estados parte a adoptar medidas para asegurar que sus buques lleven una dotación competente y en número suficiente que pueda garantizar la seguridad.

- Convenio sobre las horas de trabajo a bordo y la dotación de los buques (núm. 180), de la OIT (Ginebra, 1996).

- Convenio sobre el trabajo marítimo, de la OIT (Ginebra, 2006) (MLC/2006), que establece unos estándares laborales mínimos, aunque no se aplica a los buques pesqueros.

  Con la ratificación del convenio, se ha creado un sistema de certificación que se entrega a los buques de los países ratificantes, siempre y cuando cumplan con la condición de proporcionar condiciones de trabajo dignas a su gente de mar. El certificado evitará o reducirá los prolongados retrasos causados por las inspecciones realizadas en puertos extranjeros, y su validez es de cinco años, a reserva de las inspecciones periódicas que realice el Estado del pabellón.

Este convenio debe ser cumplido por las empresas operadoras y propietarias de los buques y para reforzar la aplicación de las normas introduce distintos mecanismos, como por ejemplo:

- Procedimientos para la presentación de quejas por parte de la gente de mar.
- Supervisión por las empresas armadoras y los capitanes de las condiciones a bordo de sus buques.

- Convenio sobre el trabajo en la pesca (núm. 188), de la OIT (Ginebra, 2007). Se aplica a los buques cuya eslora supere los 24 m, y se dediquen a la pesca comercial. En él se establecen una condiciones mínimas, tales como la edad mínima para trabajar, atención médica, condiciones de alojamiento, etc.[5]

2.1.2.1   Piloto

Es el primer oficial de puente o cubierta. Sus funciones principales son:

- Sustituir al capitán en caso de ausencia, enfermedad o muerte de este.
- Dirigir la derrota o rumbo del buque.
- Llevar al día el cuaderno de bitácora, el cual refleja diariamente todas las particularidades de la navegación.
- Dirigir el trabajo de la tripulación, desde el contramaestre hasta el paje.

2.1.2.2   Contramaestre

Es un suboficial con funciones respecto a la tripulación, el buque y la carga. En cuanto a la primera, debe velar por el orden, la disciplina y la buena actuación de la tripulación, para lo que debe ordenar las tareas que debe seguir la marinería.

---

[5] De momento solo ha sido ratificado por cinco países, pero se necesitan diez estados para que entre en vigor. Se puede consultar la lista de estados contratantes en www.ilo.org/ilolex.

En relación con el buque, debe controlar el inventario del mismo, conservarlo e informar al capitán de las reparaciones necesarias.

El contramaestre asumirá las funciones del capitán hasta nueva orden ante la imposibilidad del piloto o de otro oficial de sustituir a aquél. Por lo general, actua bajo las órdenes del capitán, primer oficial y oficial de guardia.

2.1.2.3   Maquinista

Sus obligaciones son de carácter técnico: mantener las calderas y máquinas en buen estado para que funcionen con regularidad; llevar el cuaderno de máquinas, donde se detallan todas las cuestiones relativas al funcionamiento de las máquinas, factores meteorológicos y la marcha del buque, y custodiar las piezas de repuesto, las herramientas para las máquinas, los combustibles y los lubricantes, es decir, todo aquello que necesite para realizar sus funciones. En un mismo buque puede haber dos o más maquinistas, aunque uno de ellos actuará como jefe de los otros.

2.1.2.4   Sobrecargo

La figura del sobrecargo puede apreciarse como:

- Representante del fletador por tiempo, el cual vigila la gestión comercial de la nave.
- Especialista en extracción, manipulación y conservación del pescado en los buques pesqueros.
- Director del departamento de fonda –equiparable al director de un hotel– en los buques de pasaje, especialmente los cruceros.

2.1.3   Práctico

Es aquella persona (marino o capitán de la marina mercante) que, teniendo la habilitación precisa y conocedora del área portuaria del lugar en que desempeñe sus funciones, guia al capitán de un buque en las maniobras de atraque y desatraque en un puerto determinado desde que entre o hasta que salga de sus aguas.

Cuando el navío entra en la zona portuaria, el práctico se dirigirá hacia el buque en una pequeña embarcación, subirá a bordo y aconsejará al capitán la ruta que debe seguir hasta el muelle. El practicaje de maniobras náuticas tiene como finalidad trasladar un buque o un artefacto dentro de la zona de abrigo del puerto, mientras que el practicaje voluntario se da cuando el capitán de un buque solicita asesoramiento al práctico fuera de la zona de practicaje o cuando este servicio no es obligatorio en las aguas del puerto. Este servicio puede darse tanto en los puertos como en aquellas zonas de especial peligrosidad.

La función del práctico es una combinación de conocimientos técnicos de la maniobrabilidad del buque y conocimientos locales propios del puerto, estos últimos ajenos al capitán. El servicio del práctico es obligatorio en los buques de un arqueo igual o superior a 500 GT (toneladas de registro bruto), a excepción de los buques de guerra.

Son muchos los factores que se deben tener en cuenta para la maniobrabilidad del buque, por ejemplo el calado del barco, el efecto del viento en los puertos, la señalización, la existencia de alguna roca o sedimentos acumulados en el fondo de las aguas portuarias o en su acceso, como puede ser en los ríos o rías, la angostura de determinados canales o tramos portuarios.

Los servicios de practicaje pueden estar organizados mediante un sistema corporativo o estatal.

- *Sistema corporativo:* los prácticos funcionan como una empresa privada pero organizada en una corporación pública, y la Administración pública les impone su régimen disciplinario.

Figura 4.1. Lancha de operaciones de un práctico portuario.

— *Sistema estatal:* los prácticos dependen directamente de la autoridad central del Estado y son funcionarios públicos.

2.1.4 Remolcador

Es la persona física que dirige un buque remolcador cuyo fin es proporcionar fuerza de tracción al buque remolcado.

Existen tres modalidades de remolque: el remolque-transporte, el remolque-maniobra y el remolque-salvamento. En todos estos casos, el capitán del buque remolcador tiene las funciones inherentes a todo capitán y otras propias del contrato específico de remolque (véase el capítulo 6, dedicado a los contratos de transporte marítimo).

2.1.5 Amarrador

La finalización de la operación de atraque de un buque es el amarre, es decir, la fijación de sus estachas o cabos a los noray (también conocidos como amarraderos o bolardos) de los muelles. De modo inverso, en la operación de desatraque o salida del buque del puerto se procede a la operación de desamarre. Los amarres son los nexos que unen o desunen el buque al puerto. Las personas encargadas de realizar

Figura 4.2. Remolcador para operaciones de entrada y salida de los buques en los puertos.

estas operaciones son denominados comúnmente amarradores. Su función se incluye como uno de los servicios portuarios.

2.1.6   Estibador

La empresa de estiba se ocupa de la colocación conveniente y ordenada de la mercancía en el buque, para cuya operación cuenta con personal especializado, conocido como estibadores. Se trata de una operación totalmente vinculada a la carga. Las grúas que cargan y descargan los contenedores de los buques, así como las que recogen los contenedores de la terminal, son conducidas por los estibadores.

2.2   Colaboradores terrestres

2.2.1   Gestor naval

La figura del gestor naval o naviero gestor es una auxiliar de la empresa naviera. Se trata de un apoderado general de la naviera, razón por la que goza de las más amplias facultades en su ejercicio. Mediante un contrato de dirección, estará facultado para

Figura 4.3. **Operaciones de estiba en un buque portacontenedores.**

la dirección técnica y, en ocasiones, comercial en la explotación del buque, si bien las repercusiones patrimoniales de dicho contrato recaerán sobre la naviera. Como comerciante marítimo, puede actuar por cuenta de la naviera o en nombre propio; en este último supuesto, se erige como responsable frente a la otra parte contratante. No obstante, en ambos casos, la naviera quedará directamente obligada ante los terceros contratantes.

Las funciones de la gestión naval, siempre que no haya acuerdo expreso, pueden describirse de la siguiente forma: elegirá y ajustará al capitán y contratará en nombre de los propietarios, los cuales quedarán obligados en todo lo que se refiere a reparaciones, pormenor de la dotación, armamento, provisiones de víveres y combustibles y fletes del buque, y en general a cuanto concierna a las necesidades de la navegación.

Las obligaciones del gestor son: indemnizar al capitán de los gastos del buque en que este haya incurrido; llevar al día los libros y la correspondencia del navío para rendir cuentas al finalizar cada viaje, y compensar económicamente al capitán en caso de despido.

Para la contratación de servicios de gestión naval, habitualmente se utiliza un tipo de formularios, con función de contrato, en los que se recogen las obligaciones y los derechos de las partes, si bien pueden convenir otras no recogidas en el formulario. El formulario más utilizado es el *Standard ship management agreement* (Shipman/2009), y algunas de las facultades recogidas en el mismo son:

- Se autoriza al gestor a realizar cualquier acto que considere oportuno y necesario para ejecutar su mandato.
- Se otorga al gestor:

  - Gestión técnica que incluye: garantizar que el buque cumpla con los requisitos técnicos exigidos por el Estado del pabellón.
  - Gestión comercial: cálculo y cotización de alquileres, fletes, y asistencia a la empresa armadora para cobrar los fletes.
  - Gestión y seguro de la dotación: el gestor debe contratar y ejecutar los contratos de una dotación adecuada conforme la normativa del Estado del pabellón del buque, además de la del Convenio internacional sobre normas de formación, titulación y guardia para la gente del mar, y el pago de los salarios.
  - Contratación del seguro, el de casco y el de responsabilidad civil.

2.2.2   Consignataria de buques

La empresa consignataria, también conocida como agente marítimo, es la que en representación de una o más navieras, en uno o más puertos, atiende las necesidades de los buques de aquéllas al atracar en esos puertos. Esta figura profesional se define como colaboradora independiente de la naviera y administra sus intereses desde tierra.

En líneas generales, cumple básicamente dos funciones: una comercial y otra operativa. En relación con la primera, esta en contacto con empresas transitarias y demás cargadoras que directamente contraten un transporte marítimo con objeto de ofertarles los fletes de la naviera para el traslado de su carga.

En cuanto a la función operativa, se encarga de aprovisionar, pertrechar y despachar al buque, lo que incluye gestionar el combustible, ocuparse de la limpieza de bodegas, la retirada de residuos, la estiba y desestiba, la carga y descarga de mercancías, el servicio de practicaje y remolque en su caso, cualquier actuación documental (tanto para la tripulación como para el buque o la carga), etc., así como coordinar la llegada de las mercancías al puerto.

La consignataria del buque o de la naviera también lo es habitualmente de la carga. En caso contrario, las funciones estrictas de la consignataria de la carga como agente del destinatario del cargamento consisten en recibir la mercancía y controlar su peso, cantidad y calidad; pagar todos los gastos de flete; embarcar la mercancía en el puerto de carga apropiadamente y en perfecto estado, y despacharla en aduanas y asegurar su llegada a destino. En definitiva, ejecuta las fases terrestres del transporte marítimo, entrega y recepción de la carga.

Antes de la llegada del buque a puerto, la consignataria deberá aclarar si la entidad que lo designa abonará la cuenta de escala (documento en el que consta un desglose de todos los gastos que ha producido el buque en puerto y cuyos pagos han sido adelantados por la consignataria) y, en caso afirmativo, elaborar la factura proforma de la cuenta de escala. En esta se incluirá la comisión del agente y los gastos que el barco realice habitualmente en puerto. También tendrá que avisar a los servicios de practicaje, remolque (en caso de que sean necesarios), amarre, carga y estiba, esto es, coordinar la entrada a puerto y atraque en el muelle correspondiente, así como la carga y descarga de mercancías.

Una vez el buque llega a puerto, la consignataria tratará con el capitán y, en presencia del primer oficial, los temas referentes a la carga y descarga, el buque (combustible, reparaciones, limpieza, etc.) y la tripulación (divisas, nuevo enrolamiento de algún marinero, correo, etc.), cumplimentando los formularios administrativos pertinentes a bordo.

Durante toda la estancia del buque en el puerto, el contacto de este con la consignataria será constante; respecto a las tareas de carga y descarga se notificará cualquier incidencia que ocurra (parada por mal tiempo, averías, accidentes, etc.), de modo que, al finalizarse estos trabajos, consignataria, estibadora y capitán contrastarán el estado de los mismos para cerciorarse de que todo lo notificado es correcto. La salida del buque comportará que la consignataria avise, en su caso, al agente del puerto donde tendrá lugar la próxima escala del buque.

Finalizada la salida, el consignatario elaborará la cuenta de escala una vez recopiladas todas las facturas de gastos que el buque haya causado durante su estancia para presentarla a la naviera.

Existen formularios de contratación en donde se recogen los derechos y las obligaciones de la consignataria de buque y la naviera, como el *Standard liner & general agency agreements* de la Fonasba (Federation of National Associations of Ship Brokers and Agents), aprobado por la organización internacional de empresas navieras Bimco, en 2001. Este formulario recoge el contrato de agencia marítima a escala nacional o internacional y prevé la facultad de que esta pueda subcontratar a otras consignatarias para que actuen en nombre de la naviera.

Otro formulario de contrato de interés es el *Standard port agency conditions* (SPAC), también de la Fonasba, del que cabe destacar que establece para la consignataria:

- Un régimen sancionador mediante el que deberá indemnizar a su principal en el caso que le cause daños como consecuencia del incumplimiento de sus obligaciones. La cantidad en concepto de responsabilidad viene limitada a la comisión que el consignatario reciba multiplicado por 2,5 veces.

- Un régimen de indemnidad en las responsabilidades que puede tener frente a terceros, por lo que, la naviera, una vez pague al tercero, no podrá repetir contra la consignataria, a excepción de los supuestos de actos negligentes o dolosos.

2.2.3 Empresa de carga y descarga

Hay empresas que realizan operaciones portuarias de carga y descarga de las mercancías (distintas de la estiba o desestiba), al igual que las de trasbordo, que conducirán al embarque o desembarque del buque. Las tareas de carga y descarga implican la conservación y el almacenamiento de las mercancías, y deben ser realizadas por

Figura 4.4. Operaciones de descarga de un buque en una terminal portuaria.

empresas autorizadas expresamente a tal efecto. El servicio que prestan se considera público, ya que existe un interés público en que las actividades portuarias se realicen correctamente.

Por lo general, estas empresas son contratadas por las empresas cargadoras, propietarias destinatarias o porteadoras de la carga, por cuenta de las cuales actúan, aunque en todo caso habrá que tener en cuenta las cláusulas del contrato de transporte.

2.2.4   Transitaria

Es la empresa operadora de transporte internacional multimodal que interviene entre la exportadora y la importadora de unas mercancías. Puede hacerlo desde el punto de fabricación hasta el lugar de adquisición por el consumidor, coordinando el traslado de la mercancía cuando intervienen distintos modos de transporte.

La transitaria contrata con cada empresa porteadora el transporte correspondiente dentro de una cadena, y para ello negocia con varias transportistas de un mismo sector, con el fin de conseguir el mejor precio. Esta operadora es la responsable de toda la operación, sin perjuicio de las responsabilidades que puedan reclamarse a cada una de las transportistas efectivas que hayan intervenido en un trayecto del traslado de la carga. La transitaria gestiona los transportes terrestre, fluvial, marítimo, aéreo o ferroviario, combinando todos o solo algunos de ellos en función de la necesidad y practicidad que conlleve el traslado de una mercancía.

Internacionalmente, las empresas transitarias están organizadas en torno a la Fiata (Fédération Internationale des Associations de Transitaires et Assimilés). Existene otras organizaciones regionales, como Alacat (Federación de Asociaciones Nacionales de Agentes de Carga y Operadores Logísticos Internacionales de América Latina y el Caribe), o la Feteia (Federación Española de Transitarios Expedidores Internacionales y Asimilados). Esta última ha publicado el formulario Orden y contrato de expedición (OYCDE), que, junto a las condiciones generales de expedición, forma el cuerpo descriptivo de los derechos, obligaciones y responsabilidades de las partes de una operación de transporte internacional.

2.2.5 Agente de transporte

También conocida como bróker o corredor marítimo, es la persona física o jurídica cuya función es poner en contacto a varias empresas interesadas en contratar un transporte y ofrecerles la oficialidad en dicha contratación. Los más comunes son contratos de: seguro marítimo, venta, utilización o construcción de navíos. Debido a los conocimientos que requieren los agentes mediadores para ejercer su labor, constituyen una función económica internacionalmente reconocida entre los interesados en esta actividad.

La actuación de estos agentes cuenta en la práctica con un alto grado de especialización, de manera que si se pretende fletar un buque para transportar carga seca se acudirá a un agente distinto que si la mercancía que se ha de transportar es líquida, o que lo que interese sea comprar o construir un buque. Cada una de las especializaciones constituye un tipo de correduría marítima.

Estos agentes mediadores pueden involucrarse en los contratos de distintos modos, como:

- Mediadores o corretaje, en cuyo caso no aparecerá su nombre en el contrato.
- Representantes de una de las partes del contrato, situación en la que el agente es un comisionista de su representado.
- Por cuenta de un tercero sin identificarlo, caso en el que a efectos legales el agente actuará en nombre y por cuenta propia.

No existe una normativa internacional que regule la actividad de los corredores marítimos, pero sí una serie de principios que se recomiendan a las partes dedicadas a las prácticas de los fletamentos y las consignaciones marítimas (Bimco/1969) y el Código de Ética profesional de la Association of Ship Brokers and Agents, de Nueva York (Asba). Estas normas recogen las obligaciones del corredor marítimo, entre las que se encuentran:

– Prestación de asistencia a sus principales.
– Prestar sus servicios ajustándose al principio de economía y eficiencia.
– Despachar las propuestas con diligencia.
– Respetar el principio de la buena fe en todas sus actuaciones.

2.2.6   Agente de aduanas

También conocido como representante aduanero, es la persona habilitada administrativamente para realizar las tareas necesarias para despachar frente a la Administración aduanera de un Estado las mercancías que vayan a ser transportadas, en una operación de exportación o de importación. Las aduanas en los puertos cumplen básicamente dos funciones: recaudar por el movimiento de cargas que se transportan por mar, y controlar e impedir la entrada de determinadas mercancías en el país en favor del sistema de protección de la industria y el comercio del mismo.

2.2.7   Aseguradora

El jurista J. M. Ruiz Soroa define a la compañía aseguradora como a «quien asume a cambio de un precio (prima) el riesgo de tener que subvenir las consecuencias patrimoniales negativas de un determinado evento (siniestro) sobre intereses ajenos».[6] Así, el objetivo de una aseguradora es ofrecer cobertura económica en caso de que ocurra un riesgo para el que se ha contratado previamente un seguro.

En el caso de los grandes riesgos, como los marítimos, la postura de un solo asegurador es normalmente insuficiente, razón por la que aparece el coaseguro. Este no es más que la unión de varios aseguradores que, previo pacto de división del riesgo entre ellos, por un lado, y, por otro, respecto al asegurado, cubren un riesgo cubierto por una póliza, en este caso marítimo.

....

[6] Ruiz Soroa, José María, Arranz de Diego, Ángel, y Zabaleta Sarasúa, Santiago: *Manual de Derecho del Seguro Marítimo,* ed. Gobierno Vasco, Departamento de Transportes y Obras Públicas, y Escuela de Administración Marítima, Vitoria, 1993, p. 27.

Asimismo, para ofrecer una mayor garantía frente a grandes riesgos, como son los derivados de la actividad marítima, los aseguradores se reaseguran. Así, aparece la figura del reasegurador. «Por el contrato de reaseguro, el reasegurador se obliga a reparar, dentro de los límites establecidos en la Ley y en el contrato, la deuda que nace en el patrimonio del reasegurado a consecuencia de la obligación por este asumida como asegurador en un contrato de seguro».[7]

Una figura propia del seguro marítimo son los clubes de protección e indemnización. Estos aseguradores responden a una organización en forma de mutua aseguradora, cuyos miembros son empresas armadoras o navieras, y cuyo fin no es otro que el de asegurarse recíprocamente frente a los daños que por su actividad puedan producirse. En la práctica ejercen casi un monopolio del seguro en el sector marítimo.

Cabe mencionar a los agentes de seguros y a los corredores de seguros, ambos mediadores de la actividad aseguradora. Los primeros son aquellos que, tras pactar un contrato de agencia con una compañía aseguradora, actúan como intermediarios entre los tomadores y asegurados, y los aseguradores, a la vez que asesoran desde la formalización de los contratos de seguros hasta su terminación.

Por su parte, los corredores de seguros son mediadores independientes, en el sentido de que no están vinculados contractualmente con la aseguradora, si bien aconsejan profesionalmente a los interesados en cubrir cualquier tipo de riesgo.

2.2.8   Inspector de carga

La inspección de una mercancía, desde que el comprador la adquiere en fábrica hasta que la recibe el vendedor tras su transporte marítimo, tiene lugar en varios momentos de este proceso y la llevan a cabo diferentes inspectores de carga, según la circunstancia. La primera inspección se realiza en fábrica; a continuación, se inspecciona a bordo; después, en la fase de descarga y, por último, a su recepción por parte del vendedor.

El principal objetivo de la inspección es constatar la cantidad y calidad de la mercancía. Existen varias áreas de inspección en función del tipo de mercancía: carburantes y productos químicos, productos a granel (como el cemento o el grano), agroalimentaria y productos manufacturados (como los bienes de consumo).

---

[7] Definición que recoge en España la Ley de Contrato del Seguro de 8 de octubre de 1980, artículo 77.

Las compañías de inspección aparecen vinculadas a la operación comercial, la operación del transporte y el seguro.

Durante la operación comercial se acordará un modo de pago, ya sea directo o mediante crédito documentario. En el caso de ser una carta de crédito, el banco exigirá al vendedor varios documentos, uno de los cuales será el certificado de calidad y cantidad, marcas y embalajes que emite un inspector de carga.

El desempeño de la función del inspector de carga en la operación de transporte radica en proteger preventivamente (daño físico, robo, incendio e inundación) e intervenir en la inspección de contenedores y del propio buque, al igual que en el examen de la carga rodada previa a su carga.

En la actividad aseguradora, el inspector de carga investigará la existencia real de daños y sus características, analizará las causas, valorará los daños y propondrá reparaciones.

2.2.9 Liquidador de averías

El liquidador de averías, comisario o ajustador de averías es el encargado de repartir los daños o gastos derivados de un acto de avería gruesa. En el plano internacional, se entiende por avería gruesa, según la regla A de York y Amberes sobre liquidación de avería gruesa (Hamburgo, 1974; última revisión, Sydney, 1995) lo siguiente: «Existe un acto de avería gruesa cuando, y solamente cuando, se ha hecho o contraído intencionada y razonablemente cualquier sacrificio o gastos extraordinarios para la seguridad común, con el objeto de preservar de un peligro las propiedades comprometidas en un común riesgo marítimo».

Con el fin de que el liquidador de averías actúe, los titulares de los intereses en juego, o sea, de las propiedades que es preciso sacrificar, deberán pactarlo formalmente mediante la firma de un documento denominado «compromiso de resarcimiento». En el caso de que se trate del modelo emitido por el Lloyd's, este documento recibe el nombre de *Lloyd's average bond.* El uso de este modelo no es imperativo, por lo que cualquier liquidador es libre de escoger el formulario que más le convenga, aunque este es el más utilizado. A la exigencia del pacto formal se suma la de una garantía o aval por parte de los titulares de las mercancías y demás propiedades aseguradas.

Una vez ocurrido un acto de avería gruesa, la autoridad judicial competente resolverá su existencia y esta o las partes interesadas nombrarán a un perito para tasar los daños y las reparaciones, en su caso, sean del buque o de las mercancías. En segundo lugar, las compañías aseguradoras, que han de resarcir los daños, nombrarán a un perito que hará las veces de liquidador de averías, de manera que en un plazo determinado pagarán la suma dictaminada de forma proporcional a las distintas partes que hayan sufrido daños derivados de tal acto.

2.2.10 Sociedades de clasificación

Son entidades privadas que certifican la categoría de los buques, otorgando un valor de cotización al buque mediante un certificado de clasificación, sin el cual el buque quedará inoperante para el comercio marítimo. Los dictámenes emitidos por estas sociedades de reconocido prestigio poseen cierta oficialidad, admitida por numerosas legislaciones. Adicionalmente, prestan servicios de reconocimiento, ya sea en la construcción de buques como en su mantenimiento. Tras la inspección del buque (básicamente sobre cuestiones de seguridad y solidez) por un experto perteneciente a una sociedad, esta emitirá un certificado de clase, que determinará su calidad. Posteriormente, lo registrará en un libro de registro de buques que publicará.

La responsabilidad de las sociedades puede ser tanto contractual como extracontrual. Respecto a la responsabilidad contractual, la sociedad se obliga con su principal a prestar un servicio, el de clasificación naval, en donde se incluyen aspectos como la inspección o el control, por el que deberá responder en caso de incumplimiento.

No existe una legislación internacional que regule los contratos de las sociedades de clasificación. Sin embargo, existe una normativa aprobada por el Comité Marítimo Internacional (CMI) denominada Principios de conducta y condiciones del contrato para su empleo por las sociedades de clasicación (Conferencia de Amberes, 1997). Posteriormente, en 1999, la misma CMI redactó el modelo de cláusulas contractuales para el uso de las sociedades de clasificación.

A modo de ejemplo, entre las principales sociedades de clasificación, se pueden citar: Korean Register of Shipping (KR-Korea), Bureau Veritas (BV-Francia), Registro Italinao Navale (RINA) o Lloyd's, entre otros.

Capítulo 5
El puerto

El puerto es un lugar en la costa, ya sea construido o natural, cuya función principal es el refugio de las naves y realizar en él las tareas de carga y descarga del pasaje o de las mercancías que transportan. Este concepto se ha transformado con la globalización económica, que ha incrementado las funciones portuarias, ya que los puertos son nodos logísticos y enclaves intermodales esenciales para el desarrollo del modelo económico capitalista.

La UNCTAD define los puertos marítimos como «interfaces entre los distintos modos de transporte y centros de transporte combinado. Son áreas multifuncionales comerciales e industriales donde las mercancías no solo están en tránsito, sino que también son manipuladas, manufacturadas y distribuidas. En efecto, los puertos son sistemas multifuncionales, los cuales, para desarrollarse adecuadamente, deben ser integrados en la cadena logística global. Un puerto eficiente requiere no solo infraestructura, superestructura y equipamiento adecuado, sino también comunicaciones eficaces y, especialmente, un equipo de gestión dedicado y cualificado y con mano de obra motivada y entrenada».

El enfoque de la gestión portuaria dirigida al cliente y a la calidad de los servicios ha devenido en que, además de prestar sus funciones originales, encarna un conjunto de valores añadidos como: clasificación de mercancías, manipulado, distribución y almacenaje temporal, entre otras. El conjunto de sus prestaciones, hacen del puerto un elemento básico en la cadena de transporte de origen a destino.

El puerto incluye, además, actividades tales como: aduanas; servicios de control de carga y pasajero; servicios de empresas transitarias, consignatarias y otros agentes; actividad de transbordo y manipulación de la mercancías; transportes terrestres; servicios propios del buque, como el suministro de combustibles y la recogida de residuos, entre otras.

	Principales puertos en tráfico de contenedores		
	Puerto	**País**	**Miles de TEU**
1	Shanghái	China	36.540
2	Singapur	Singapur	30.922
3	Shenzhen	China	24.205
4	Ningbo-Zhoushan	China	20.627
5	Hong Kong	Hong Kong	20.073
6	Busan	Corea del Sur	19.467
7	Guangzhou	China	17.590
8	Quingdao	China	17.436
9	Dubái	Emiratos Árabes Unidos	15.592
10	Tianjin	China	14.111
11	Róterdam	Países Bajos	12.235
12	Port Kelang	Malasia	11.887
13	Kaohsiung	Taiwán Taiwan	10.260
14	Amberes	Bélgica	9.600
15	Dalian	China	9.451
16	Xiamen	China	9.183
17	Tanjung Pelepas	Malasia	9.100
18	Hamburgo	Alemania	8.821
19	Los Ángeles	Estados Unidos	8.160
20	Saigón	Vietnam	7.200

Tabla 5.1. Tráfico mundial de contenedores. Datos estimativos de 2015. Fuente: Transporte XXI.

1 Tipología de puertos

- **Clasificación funcional**

  Desde el punto de vista de su función, los puertos pueden clasificarse, principalmente, como comerciales, industriales, pesqueros, mixtos, deportivos, de
  pasaje, marinas o militares.

- **Clasificación física**

  Cabe diferenciar unas condiciones y características físicas del entorno portuario. Por su situación, un puerto puede ser exterior, interior o mixto. Además, existen puertos de abrigo, a causa de su ubicación natural, a la actividad humana o a ambas cosas. Asimismo, por su acceso al mar, los hay que arriban por canales, ríos o bocanas. En cuanto al entorno, cabe resaltar las áreas terrestres (por ejemplo, zonas operativas de carga y descarga, almacenes, depósitos, silos, tanques o zonas de circulación) y los accesos por tierra al puerto (mediante carretera o vía ferroviaria), que desempeñan un papel clave en la intermodalidad.

- **Clasificación por la tipología de servicios**

  La mayor parte de los puertos comerciales han seguido una evolución histórica similar. Aunque con diferencias en la intensidad de los cambios y sus fechas, esta evolución puede sintetizarse de la siguiente manera:

  - *Puertos de primera generación*

    Se sitúan aquí puertos que, hasta la década de 1960, estuvieron dedicados principalmente a la carga general. Como enclave logístico fueron, además, centros operativos para las operaciones de carga y descarga de las mercancías, su almacenamiento y demás servicios a la navegación. Sus instalaciones se reducían básicamente a los muelles y la zona contigua al mar.

    Se caracterizan por una organización de actuación intraportuaria independiente. No existe una relación organizada entre la entidad portuaria y sus usuarios. De este modo, los servicios individuales son simples y con poco valor añadido.

    Estos puertos carecen de sistemas de comunicación, respecto a los agentes del transporte, el comercio y el territorio en el que se ubican. Así, las empresas portuarias carecen de coordinación con la política comercial portuaria, cuyo objetivo básico es obtener más beneficios, en su conjunto e individualmente.

  - *Puertos de segunda generación*

    Después de la década de 1960. Además de la carga general, se dan especializaciones en tráficos de graneles líquidos y secos. El puerto se expande como un centro de transporte para la industria y el comercio. Las actividades del puerto se amplían hacia actividades de transformación de mercancías, y servicios industriales y comerciales para los buques, lo que conlleva un aumento físico y funcional del puerto.

Figura 5.1. Vista aérea de la terminal de contenedores del puerto de Manzanillo (México).

En este período los usuarios y el puerto incrementan sus relaciones, aunque todavía las actividades portuarias adolecen de escasa organización, y lo mismo ocurre con el binomio puerto-municipio. La transformación de la carga conduce a un aumento del valor añadido y de inversiones de capital.

Así, el puerto se convierte en un eslabón de la cadena logística volcado a la multifuncionalidad. Las relaciones del puerto con las empresas de transporte y comercio y con el municipio se fortalecen. La ciudad en que se enclava el puerto participa decisivamente en la ampliación de infraestructuras, los suministros y las conexiones viarias. La integración de la actividad portuaria, permite incrementar y obtener mayor agilidad en los tráficos.

— *Puertos de tercera generación*
Después de la década de 1980. A la carga general y el granel, se añade el hito de la contenerización en el transporte en general y en el transporte marítimo en particular. El puerto se ofrece para el comercio como centro de transporte y plataforma logística. Ello implica la ampliación de sus funciones: distribución de la carga, impulso logístico, conexión intermodal y la utilización de las tecnologías de la información y de la comunicación

La cooperación municipio y puerto es cada vez mayor. La administración portuaria se transforma y se amplía, se adapta a las necesidades del cliente ofreciendo un sistema de servicios de alta calidad. Las actividades del puerto incrementan su profesionalización y especialización, consiguiendo un alto valor añadido en el que la tecnología y la información juegan un papel esencial, y es creciente la preocupación por el medio ambiente.

La logística y la intermodalidad son el despertar del puerto como comunidad portuaria.

— *Puertos de cuarta generación*

Su característica principal es que disponen de redes telemáticas que conectan diferentes zonas portuarias, además de permitir colaborar con otros puertos, con el objetivo de internacionalizar y diversificar su actividad. Se denominan puertos en red, los cuales está integrados en las cadenas logísticas de transporte internacional, con servicios puerta a puerta.

Estos puertos disponen de terminales interiores intermodales o puertos secos, situadas en áreas de gran consumo de productos y conectadas al puerto marítimo por ferrocarril de manera regular. Esta conexión permite el transporte de grandes volúmenes de mercancías hacia las cadenas de distribución.

Se produce una completa integración del puerto en la cadena de suministros y una creciente automatización de las operaciones portuarias.

— *Puertos de quinta generación*

Se caracterizan por el desarrollo de políticas colaborativas en el ámbito de la logística, el conocimiento, las operaciones, las comunicaciones o la formación, entre otras áreas. El puerto es también un espacio de colaboración entre empresas operadoras.

• **Clasificación institucional**

La titularidad y la gestión portuarias se pueden presentar en su doble vertiente:

— Pública, dependiente del Estado (central o federal) o del municipio, y privada.
— A su vez, la gestión puede ser mediante organismos públicos, estatales o municipales, u organizaciones privadas.

Lo más habitual es encontrar puertos de personalidad jurídica propia. No obstante, el modo de gestionarse a nivel administrativo, financiero y patrimonial puede ser diverso: por ejemplo, ente público con personalidad jurídica o insertado en la Administración, u órgano dependiente del poder público, o como sociedad mercantil.

2 Tipos de entidad portuaria

Las entidades portuarias pueden tipificarse del siguiente modo:

- ***Puerto* propietario** *(landlord port)* que asume todas las decisiones relacionadas con la utilización y disposición de sus espacios e infraestructuras. Este puerto garantiza, por su propio interés, un funcionamiento excepcional del mismo.

- ***Puerto* instrumento** *(tool port)*. Adquiere un papel decisivo en las superestructuras, por lo que participa activamente en las obras que para ellas sean necesarias e interviene en todo lo relacionado con las instalaciones. Los equipos de manipulación y operaciones que puedan servir a tal efecto serán financiados por el puerto.

- **Puerto explotador** *(comprehensive port)*. Su principal característica es que, además de asumir las actividades de los modelos de puerto propietario y puerto instrumento, se encarga de la explotación de las instalaciones y de los equipos que se hallen en el recinto portuario.

- ***Puerto inteligente*** *(smart port)*. Son aquellos que utilizan un sistema tecnológico de ayuda a la gestión global y la toma de decisiones. Se basa en la automatización e integración de los procesos relevantes que se desarrollan en el puerto en una misma red, que conecta a su vez a todos los departamentos portuarios, agentes de servicios, clientes operadores del puerto, y a otras administraciones relacionadas con la actividad portuaria.

  Los puertos inteligentes disponen de una plataforma informática a la que se puede acceder desde su web corporativa o desde una aplicación para equipos móviles. En dicha plataforma se automatizan e integran todos los datos significativos: sistemas de seguridad en los accesos y el interior del recinto portuario, seguimiento de la situación de los buques, control medioambiental, gestión de mercancías, control de la red ferroviaria, tramitaciones y servicios.

Algunos puertos han pasado de puerto «instrumento» a «propietario», lo que ha supuesto alteraciones físicas y una importante reorganización de las áreas portuarias. La financiación privada ha colaborado en este proyecto. Aunque no ha invertido en su globalidad, lo ha hecho sectorialmente, participando en procesos de privatización o de concesiones de infraestructuras públicas, impulsando el desarrollo de la intermodalidad y, en definitiva, de la logística.

3 Infraestructuras portuarias

Como entidad física, las principales áreas e infraestructuras de un puerto son:

- **Antepuerto.** Espacio al abrigo del mar que precede la bocana de algunos puertos, donde los barcos pueden maniobrar y fondear mientras esperan entrar en el puerto o bien estar al socaire en caso de tormenta.

- **Bocana.** Acceso o boca de entrada de un puerto.

- **Canal de entrada.** Área del puerto entre el antepuerto a las dársenas con la anchura y calado suficientes para el tráfico de los buques.

- **Contradique.** Dique secundario, construido cerca del primero para reforzar la acción de socaire e impedir la entrada de arena en el puerto.

- **Dársena.** Área resguardada artificialmente en aguas navegables que permite el amarre de buques y la carga y descarga por un costado de estos.

- **Dique de abrigo.** Muro o construcción que se ejecuta en la costa para contener las olas y dar abrigo a un puerto.

Figura 5.2. Los muelles portuarios pueden ser utilizados por muy diversos tipos de embarcaciones.

- **Escollera.** Obra realizada con grandes piedras o bloques de cemento echados al fondo del agua con la finalidad de formar un dique de defensa contra las olas, para servir de fundamento a un muelle o proteger una obra contra la acción de las corrientes, y en la costa para evitar la erosión marina.

- **Espaldón.** Parte del dique construida sobre la escollera, con una sección de paramento vertical de cara al mar y escalonado hacia tierra que sobresale del mar.

- **Estación marítima.** Instalación portuaria destinada a la recepción de pasajeros y sus equipajes en las operaciones de embarque y desembarque de los buques de crucero.

- **Muelle.** Obra construida en la orilla del mar o de un río para facilitar el atraque de los barcos y el embarque o desembarque de mercancías y pasajeros.

- **Pantalán.** Muelle construido sobre estacas o pilones que avanza dentro del mar o en el interior de las aguas portuarias.

- **Terminal.** Instalación fija, flotante o móvil utilizada para la carga o el embarque y la descarga o el desembarque de mercancías y personas, dotada de

Figura 5.3. Terminal automatizada de ECT en el puerto de Rotterdam.

equipamientos para llevar a cabo dichas operaciones. Puede disponer de infraestructuras y servicios intermodales, ser de titularidad pública, privada o mixta, y estar o no concesionada.

- **Varadero.** Instalación en la orilla del mar o de un río o en el interior de un recinto portuario, dispuesta de manera que por un plano inclinado pueden ser botadas o sacadas del agua las embarcaciones.

4   El puerto: ente económico

4.1   *Evolución del comercio marítimo*

Las funciones originales de la navegación marítima fueron por excelencia la pesca y el comercio. La pesca constituía el alimento principal en las zonas costeras, que pasó a conservarse mediante técnicas de salado y ahumado. El comercio que se había iniciado con el trueque, se transformó con la aparición del dinero, pasando a ser el intercambio de un objeto por dinero. El traslado de las mercancías necesitaba un transporte y la navegación marítima se convirtió en el hilo internacional conductor del comercio.

Las civilizaciones del mundo antiguo desarrollaron el transporte marítimo como vía para el movimiento físico de las mercancías. Griegos, fenicios y romanos tuvieron un papel importante en el desarrollo de los puertos, especialmente estos últimos, gracias al uso del cemento y a técnicas constructivas innovadoras.

Más al norte del área mediterránea, los vikingos también edificaron muelles, diques sumergidos, amarres y fondeos.

La evolución constructiva en la Edad Media consiguió el establecimiento de puertos fluviales, los diques de escollera y los rompeolas. Desde entonces hasta la Edad Moderna, los avances técnicos aportaron unos puertos más estructurados y seguros, paralelos al incremento de las relaciones comerciales entre regiones geográficas distantes.

Históricamente, el transporte de mercancías ha sido un instrumento para el crecimiento de la economía. Una vez más, los cambios tecnológicos han transformado tanto al transporte marítimo como a los puertos, especialmente con el desarrollo del transporte multimodal en el último tercio del siglo XX. Con el recurso de la contenerización, el comercio internacional se ha trasformado y ha logrado conectar la producción y el consumo mediante una cadena de suministros global.

4.2 Los puertos comerciales

El influjo de la globalización ha modelado los puertos comerciales, conduciéndolos hacia la especialización y a una competencia entre puertos, entre terminales de un mismo puerto y del transporte marítimo respecto a otros modos de transporte.

La globalización de la economía está estrechamente relacionado con el incremento de las inversiones financieras, la movilidad de los capitales y la internacionalización de las empresas. Este fenómeno se ha apoyado en gran medida en los avances tecnológicos que minimizan, entre otras cosas, el costo de los transportes y las comunicaciones.

Los puertos más importantes desde el punto de vista de las transacciones económicas son los puertos concentradores o consolidadores *(hub)* y de trasbordos, donde parte de las mercancías pasan de un buque a otro y donde el puerto es un nudo de distribución de las mercancías, y los puertos de tránsito, que sirven de conexión intermodal a otros modos de transporte.

El 90 % del comercio mundial utiliza el transporte marítimo, con lo que los puertos comerciales son un punto de conexión de los distintos modos de transporte y una vía de tránsito de la producción industrial.

4.3 Los puertos concentradores (hub)

Los puertos concentradores han de estar estratégicamente situados, ofrecer un servicio completo al buque y a la mercancía, y deben ser al mismo tiempo centros logísticos intermodales.

El uso de contenedores para el transporte de mercancías es un elemento clave en el desarrollo del transporte marítimo y de la intermodalidad del transporte, que ha conllevado, entre sus muchos efectos, una transformación del tamaño y la especialización de los buques. Se están construyendo buques portacontenedores con capacidad para más de 20.000 TEU (contenedor de 20 pies).

Muchos puertos se han constituido en nodos concentradores o consolidadores *(hub)*. Son diversos los aspectos que se deben sopesar a la hora de valorar la idoneidad de dicha transformación: la situación geográfica (buenos accesos vía terrestre, fluvial o aérea); el traspaís o *hinterland* (existencia de mercado y servicios que lo puedan satisfacer); multimodalidad nacional e internacional; calidad y rapidez en los servicios con unos costes competitivos; economías de escala (traspaso de mercancías de buques portacontenedores transoceánicos a buques *feeder* interoceánicos

Figura 5.4. Terminal de contenedores del puerto de Corea Busan.

para distribuir las cargas); disposición de equipamientos e instalaciones y servicios de valor añadido (mercado logístico).

Los principales aspectos de un puerto concentrador son, no obstante, su situación geográfica y el traspaís. Es decir, ha de tener fácil acceso a las líneas regulares de la navegación más importantes, ubicarse en una zona de estabilidad política, económica y laboral, y además:

- En cuanto al buque, ha de disponer de muelles con diversos calados, algunos de aguas profundas, y de zonas de fondeos.
- En relación a la zona contigua terrestre y la mercancía, debe disponer de terminales de contenedores provistas de equipos de manipulación automatizados.
- Por lo que se refiere a la conectividad, ha de ser un nudo de conexiones intermodales, apto para la navegación de cabotaje, con sistemas de telecomunicaciones adecuados, zona de actividades logísticas y servicios de inspección y aduanales con disponibilidad de 24 horas durante todos los días del año.

4.4 El transporte intermodal en los puertos

Las políticas de gestión del transporte aplicadas a los sistemas portuarios tienen muy en cuenta la reducción de los costes del transporte, especialmente en cuanto a los consumos de combustible y los costes externos que el transporte implica, como son los derivados de la saturación del tráfico en el entorno de las grandes conurbaciones y los costes medioambientales.

En base a estos objetivos, la Unión Europea, por ejemplo, ha trazado proyectos destinados a mejorar los accesos a las áreas portuarias, las infraestructuras portuarias, sus vías terrestres y, especialmente, a apoyar el acceso del ferrocarril a las zonas portuarias como un sistema alternativo al transporte por carretera.

La reducción del transporte por carretera implica una mayor intermodalidad del transporte, donde el ferrocarril y el cabotaje marítimo deberán sustituir en gran medida a los vehículos a motor, más contaminantes y costosos.

5   Gestión portuaria

Existen diferentes modelos de gestión o administración de un puerto:

- A través de la Administración central del Estado, mediante un entidad pública creada al efecto. Esta es una situación que se da, por ejemplo, en Grecia, Italia, España y algunos países de América del Sur. La estatalidad de los puertos, no obstante, va quedando desdibujada, y tiende a darse una dependencia menos directa de la Administración pública, especialmente por la intervención de la comunidad portuaria, las empresas concesionarias de infraestructuras y otras entidades de la sociedad civil.

- Por los municipios, situación común en los puertos del norte de Europa. El municipio gestiona el puerto de manera directa o a través de un organismo especializado, como es el caso de la autoridad portuaria, en ocasiones en colaboración con otras entidades, como las cámaras de comercio.

- Por organizaciones privadas, que han realizado la inversión económica para la construcción de las infraestructuras portuarias, que luego explotan de manera directa o mediante concesiones a terceras empresas.

5.1   La política portuaria

El manejo de los asuntos relacionados con el puerto viene marcado por unos criterios y unas pautas de actuación y la ejecución de los planes que se programen.

En las economías de libre mercado las políticas portuarias se circunscriben a los parámetros de la libre competencia integrada en un determinado marco social, y por la integración del puerto en una política global del transporte.

Las pautas de actuación se pueden concretar en garantizar la concurrencia libre y leal, asegurar la calidad de la actividad laboral, incrementar la seguridad global del puerto y el transporte marítimo, el desarrollo equilibrado y sostenible de los puertos de un determinado territorio y una regulación de las infraestructuras portuarias.

Por su parte, la ejecución de los planes, de acuerdo con los criterios y las pautas de actuación, se pueden expresar mediante acciones sistematizadas para:

- Apoyar la economía de los puertos verificando sus fuentes de ingresos y financiación equilibrada.
- Asegurar que las inversiones en infraestructuras respeten los ecosistemas costeros, además de responder a necesidades reales del mercado.
- Garantizar que la relación entre costos e ingresos sea equilibrada y competitiva.
- Preservar el medio ambiente e impedir las actuaciones que puedan afectarlo negativamente.
- Uniformizar el derecho regulador de la seguridad portuaria.
- Fomentar y gestionar la formación profesional en las actividades portuarias.
- Introducir los avances tecnológicos, especialmente en cuanto a las tecnologías de la información y la comunicación (TIC).
- Mejorar las conexiones con otros tipos de transporte.
- Adaptar las infraestructuras y superestructuras a las necesidades reales de los tráficos.
- Aplicar la mejora continua en los servicios que presta a empresas cargadoras y operadoras (navieras, empresas ferroviarias y de transporte por carretera, etc.).
- Promover la participación de la comunidad portuaria en la política portuaria y de la ciudadanía (cámaras de comercio, municipio, entidades ciudadanas, etc.) en las decisiones que puedan afectar al entorno y el territorio donde se ubica el puerto.

Por otro lado, las políticas de gestión del transporte aplicadas a los sistemas portuarios han de tener muy en cuenta la reducción de los costos globales del transporte, especialmente en cuanto a los consumos de combustible y los costes externos que el transporte implica, como son los derivados de la saturación del tráfico en el entorno de las grandes conurbaciones y los costos medioambientales.

En este sentido, por ejemplo, la Unión Europea, ha trazado proyectos destinados a mejorar los accesos a las áreas portuarias, las infraestructuras portuarias, sus vías terrestres y, especialmente, a apoyar el acceso del ferrocarril a las zonas portuarias como un sistema alternativo al transporte por carretera.

La reducción del transporte por carretera implica incrementar la participación del ferrocarril y del cabotaje marítimo, que pueden sustituir en gran medida a los vehículos por carretera, más contaminantes y costosos.

6   La logística portuaria

La distribución de los productos para su comercialización tiende cada vez más a ser un servicio subcontratado, de manera que las compañías fabricantes delegan en otras las actividades logísticas. Ello permite ampliar la oferta de trabajos de valor añadido que los operadores logísticos pueden ofrecer para el acabado de los productos, como, por ejemplo, el ensamblaje de elementos en la fase de acabado de un automóvil en una terminal de vehículos en un puerto.

Así, los puertos no son solo infraestructuras que acogen y dan salida a los buques, sino que constituyen puntos de manipulación y distribución de las mercancías.

Desde la perspectiva de la recepción de las mercancías, una vez la carga se deposita en el muelle, el movimiento de las mismas puede ser:

- Pasar a otro buque, en lo que se conoce como trasbordo.
- Quedarse en el muelle y ser trasladada al interior del puerto mediante tren o camión para ser depositada en un almacén.
- Ser recogida y trasladada mediante transporte terrestre, para luego pasar a otro modo de transporte.
- Ser trasladada por un transporte terrestre hasta una zona de actividades logísticas, que puede hallarse en el mismo puerto o en sus inmediaciones.

Si una carga es conducida a un centro de actividades logísticas es, básicamente, para ser almacenada y distribuida, o realizar actividades de valor añadido, como el envasado, etiquetado, empaquetado, etc.

La ubicación de estos centros, contiguos o en un puerto son en gran medida una clave para el impulso de los mismos, puesto que es posible ofrecer una gran diversidad de servicios que, a su vez, pueden resultar más económicos al quedar integrados en otros más globales. Por ejemplo, una empresa transitaria puede situarse en un centro de actividades logísticas y, además, de organizar los transportes, objetivo de su actividad principal, también puede almacenar, gestionar existencias, manipular y distribuir mercancías.

El cliente que necesitaba de un servicio de transporte marítimo para una carga va a necesitar una posterior distribución de la misma cuando esta haya llegado al puerto. Es evidente que si una misma empresa subcontratada gestiona toda la actividad resultará más eficaz para la compañía cliente y, por lo tanto, de uno u otro modo le va a suponer un ahorro en los costes.

Capítulo 6
Contratos de transporte marítimo

Durante mucho tiempo el contrato de fletamento fue el epicentro del derecho marítimo. Sin embargo, la evolución del comercio mundial y las tecnologías incorporadas al buque han transformado el modo de explotación del buque y la propia finalidad del transporte.

El transporte marítimo ha ido ampliando paulatinamente sus fines. Si bien se siguen transportando personas y mercancías, o se utilizan los buques para la pesca, además, se remolcan otros buques, se practica la náutica de recreo o se realizan expediciones científicas.

Los tráficos de cargas heterogéneas, que tienden a la implantación de líneas regulares, contrastan con los de cargas homogéneas, que suelen transportarse mediante buques *tramp* o de ocasión, sin olvidar los de pasaje. Para los diferentes tráficos y sus intereses se establecen distintos tipos de contratos que se adaptan a las necesidades que exige la actividad marítima en cada momento.

Los contratos de transporte marítimo que a continuación se exponen son los más habituales. La marcada internacionalidad de este modo de transporte, una vez más deja huella a través del uso de formularios. Efectivamente, muchos organismos internacionales emiten contratos tipo que las partes utilizan con, quizás, alguna modificación. Se trata de formularios que abogan por una actividad marítima práctica y segura, pues la proximidad de estos organismos a la vida real mantiene una actualización constante de estos contratos, que recogen las condiciones o cláusulas que las partes estipulen.

Los contratos de transporte marítimo de mercancías se pueden definir, *grosso modo,* como aquellos por los que una parte –transportista– se compromete frente a otra –empresa cargadora–, a cambio de un precio o flete, a entregar en el puerto convenido a la consignataria o receptora las mercancías o buques en iguales condiciones a las que estas poseían al embarcar.

1   Regulación de los contratos

En una materia como la de los contratos de transporte marítimo –marcada por su internacionalidad– es determinante la tarea uniformadora del Derecho. Con él se consigue impulsar la actividad marítima, pues a mayor seguridad jurídica, mayores garantías en la contratación.

El papel uniformador del derecho marítimo ha logrado modelos de contrato como el de transporte en régimen de conocimiento de embarque, Convenio de Bruselas (1924), por ejemplo. Este convenio, ratificado por la inmensa mayoría de países costeros, se ha integrado en sus legislaciones nacionales.

Los países del *Common Law* han emitido progresiva e independientemente una ley de transporte de mercancías por mar, comúnmente conocida como COGSA *(Carriage of Goods by Sea Act)*. Estas leyes son posteriores al Convenio de Bruselas; por ejemplo, las de Estados Unidos, Canadá y Reino Unido son de 1936, mientras que la de la India es de 1955.

Los países nórdicos –entendiendo por estos Noruega, Suecia, Dinamarca y Finlandia– poseen el Código Marítimo Nórdico. Este recogió las Reglas de La Haya-Visby en 1973, y las Reglas de Hamburgo de 1978 influyen en el código de 1994.

El Convenio de Bruselas de 1924 fue modificado por las Reglas de La Haya-Visby (1968), al que se añadió un protocolo relativo a los derechos especiales de giro (1979). Estas reglas benefician a las empresas cargadoras y receptoras frente a las porteadoras, que ven incrementada su responsabilidad.

Asimismo, las Naciones Unidas elaboraron el Convenio de Naciones Unidas sobre el Transporte de Mercancías por Mar, en 1978, también conocido como Reglas de Hamburgo. Los objetivos principales de este son:

- Sustituir al convenio de Bruselas y sus protocolos, extrapolando las normas del transporte marítimo tanto al terrestre (carretera y ferrocarril) como al transporte combinado.
- Aumentar la responsabilidad de las empresas porteadoras. Las Reglas de Hamburgo están en vigor desde 1992.

A esta normativa vino a sumarse el Convenio de las Naciones Unidas sobre el contrato de transporte internacional de mercancías total o parcialmente marítimo, también conocido como Reglas de Rotterdam, de 2008.

1.1 Derecho comparado

Cabe resaltar la diferencia existente entre los países anglosajones y los continentales en cuanto a interpretación jurídica de los contratos de transporte, que puede ser jurisprudencial (países anglosajones) o legal (países europeos continentales).

En los países anglosajones, por el análisis de un asunto en concreto y en pro de la practicidad, una misma cláusula puede interpretarse de modo distinto si las condiciones de la actividad marítima fuesen diferentes o el comercio marítimo hubiese cambiado en otro sentido. La jurisprudencia anterior a un caso podrá servir como punto de referencia, pero no es un factor determinante; cada caso es único e independiente dentro de un marco de principios generales. La proximidad entre la interpretación jurídica y la práctica es un factor prioritario.

La excepción a la jurisprudencia interpretativa se halla en el contrato de transporte en régimen de conocimiento de embarque, para el cual existen las normas COGSA.

Por su parte, los países continentales europeos se dividen en dos en función del modo de normativizar el derecho marítimo contractual: *a)* países como Alemania o Bélgica, que conservan sus códigos decimonónicos y que han regulado normas para introducir el Convenio de Bruselas, y *b)* países tales como Francia e Italia; estos han normativizado sistemáticamente esta materia a través de leyes para los diferentes contratos (el caso de Francia) o mediante un nuevo código de la navegación (el caso de Italia).

2 Flete y recargos

Desde el punto de vista de la empresa cargadora, para contratar un servicio de transporte marítimo, la primera gestión consiste en solicitar la cotización del mismo, lo que permitirá conocer los precios del servicio de transporte y los gastos que el mismo conllevará. Para solicitar dicha cotización, debe dirigirse a la empresa naviera, normalmente a través de su consignataria, o a una empresa transitaria.

Los requerimientos mínimos exigen informar sobre el puerto de origen y de destino, la tipología de la mercancía, el tipo y la cantidad de contenedores, la posibilidad o no de trasbordo, y otros datos que la empresa transportista solicite. Esta remitirá a la cargadora un presupuesto global o flete que incluirá tanto los costes de transporte como los gastos hasta destino, o hasta el punto que se haya indicado para la entrega de las mercancías.

Los componentes básicos de una cotización marítima incluyen el flete, recargos y gastos.

2.1   Flete

Representa el coste del transporte marítimo de la mercancía constituida como unidad de carga, desde que el transportista la recibe hasta que la entrega.

2.2   Recargos

Los recargos más utilizados en el transporte marítimo son:

- **Ajuste de combustible** o BAF *(bunker adjustment factor):* se aplica cuando se produce un incremento en el precio del combustible.
- **Ajuste por compensación de cambio** o CAF *(currency adjustment factor):* se aplica para corregir la disparidad existente entre la divisa local y la moneda en la que se establece el flete.
- **Recargo por congestión** o CS *(congestion surcharge):* cuando existe congestión en las terminales y el buque tiene que esperar para su carga o descarga, las navieras aplican el recargo CS, dado que el tiempo de espera es un coste para el transportista que lo repercute en la carga.
- **Recargo por cobro en destino** o *collect surcharge:* el flete puede cobrarse en origen o bien en destino, si se escoge esta última opción, se aplicará este recargo.

Figura 6.1. Operaciones de carga de una mercancía sobredimensionada.

Figura 6.2. Manipulación de carga peligrosa para ser transportada.

- **Recargo por exceso de peso** o EWS *(extra weight surcharge),* que aplican las compañías navieras por sobrepeso en la contratación del flete.
- **Recargo por longitud excesiva** o ELS *(extra lenght surcharge),* que se aplica por exceso en las dimensiones de la mercancía.
- **IMO** *surcharge:* se aplica cuando la mercancía a transportar es peligrosa.
- **Recargo por el tránsito en un canal,** por ejemplo: SCTF *(Suez canal traffic),* PCS *(Panama canal surcharge)* o Aden *(Aden gulf surcharge).*
- **Recargo por seguridad** o ISPS (International Ship and Port Facility Security Code): recargo por la aplicación del Código de Protección de Buques e Instalaciones Portuarias, donde se incluye la protección de los buques y las instalaciones portuarias.
- **Recargo por conexión de frío:** originado por mercancías que deben viajar bajo temperatura controlada.
- **Recargo por uso de chasis** o CUC *(chassis usage charge):* se utiliza para mercancías de peso considerable y cuando las plataformas que deben transportar la mercancía desde su carga o descarga hasta la terminal necesitan un refuerzo, por ejemplo: camiones con tres ejes.
- **Recargo por temporada alta** o PSS *(peak season surcharge):* recargo que se aplica en algunos tránsitos internacionales en temporada alta.

2.3   Gastos FOB

Son los gastos que se producen antes del embarque del contenedor en el buque. Entre otros, se encuentran:

- **Transporte terrestre y arrastres:** son los gastos por la realización de la naviera del transporte terrestre del contenedor desde almacén de la empresa cargadora hasta la terminal portuaria.
- **Tarifa de muellaje:** es la tarifa que paga la mercancía por el hecho de usar las instalaciones del puerto. Esta tasa la paga la naviera o la empresa transitaria y la repercute en la carga.
- **Expedición del conocimiento de embarque.**
- **Comprobación de precinto** o CSE *(seal check).*
- **Coste por colocación de precinto** o SFI *(seal fixing fee).*

2.4   Modalidades de contratación del transporte marítimo en contenedor

Al contratar el transporte de mercancías en contenedor, la empresa cargadora puede optar por diferentes modalidades, que de forma general se pueden resumir en las siguientes:

- Muelle/muelle *(port/port):* la empresa cargadora asume el pago del flete marítimo y los costes de carga y descarga de la mercancía.
- Muelle /almacén *(port/door):* la carga se entrega en el muelle del puerto de origen a la operadora de transporte y esta la entrega en el almacén de la empresa destinataria. La cargadora asume el flete marítimo.
- Almacén/muelle *(door/port):* la carga se entrega en el almacén de la empresa cargadora y la naviera hace entrega en el muelle del puerto de destino. La cargadora asume el transporte terrestre hasta el puerto de origen y el flete marítimo hasta el muelle del puerto de destino.
- Almacén/almacén *(door/door):* la mercancía se entrega en el almacén de la cargadora a la transportista y esta la traslada y hace entrega en el almacén de la destinataria. El transporte terrestre en origen y el flete marítimo y el transporte terrestre hasta el almacén del destinatario son por cuenta de la cargadora.

3   Contratos de explotación del buque

Bajo la rúbrica de los contratos de explotación del buque se acogen muchos contratos de transporte marítimo. Estas tipologías contractuales son objeto de amplios debates y según el país se ha tomado una opción distinta al respecto. El análisis que se presenta en los siguientes apartados queda al margen de dichas tipologías para pasar directamente al contenido del contrato.

4   Contrato de arrendamiento

El contrato de arrendamiento del buque o fletamento a casco desnudo (en derecho anglosajón *demise charter* o *bare-boat charter*) es aquel por el cual la empresa propietaria del buque otorga a otra persona el disfrute del mismo, por un tiempo determinado y a cambio de un precio o alquiler (que puede llamarse flete). La desvinculación de la propietaria respecto al buque es tal que quien mediante este contrato pase a disfrutar del buque lo explotará como si de una auténtica naviera se tratara, que se encargará, además, de equipar y armar el buque.[8]

4.1   Finalidad

Es habitual el uso de este contrato en las circunstancias siguientes:

- Cuando las compañías navieras quieran ampliar su flota por una creciente demanda de mercado y no puedan esperar el tiempo que requiere la construcción de un nuevo buque, o cuando no deseen arriesgarse a una alta inversión. En este supuesto, además, se puede convenir la venta a la finalización del contrato, de manera que las rentas pagadas serían pagos a cuenta de la compraventa final.
- Si los buques no son de fácil introducción en el mundo naval, los astilleros o bancos que financiaron su construcción los arriendan a las navieras.
- Por parte de los gobiernos, para ampliar la flota de buques dedicada al transporte marítimo.

---

[8] Puede consultarse al respecto el artículo 188 de la Ley de Navegación Marítima española.

- Por cambio de abanderamiento temporal. Algunos tráficos de ciertos estados están vetados a pabellones distintos del propio, y de este modo se salva ese obstáculo para ofrecer allí un transporte durante un tiempo.

4.2 Clases de contrato de arrendamiento del buque

Este contrato, que traslada la posesión de la nave al locatario, puede ser:

- Arrendamiento de buque armado y equipado, de modo que la entrega del buque se produce con los pertrechos y aparatos, todo tipo de instalaciones y, en algunas ocasiones, la dotación; en cuyo caso se subrogará la empresa arrendataria en los contratos de trabajo y se desentenderá la propietaria de dichos contratos laborales.
- Arrendamiento de buque sin armar ni equipar.

4.3 Forma del contrato de arrendamiento del buque

Este contrato se suele pactar de forma escrita, ya que son muchas las repercusiones económicas a que puede dar lugar, y así lo recogen las legislaciones.[9]

El Consejo Marítimo Internacional del Báltico, conocido comúnmente por las siglas, Bimco (The Baltic and International Maritime Council), emitió en 1974 dos modelos de este contrato: Barecon A y B. Con posterioridad (la última modificación se produjo en 2001) unificó ambos en el Barecon/89 (*standard bareboat charter* o contrato de arrendamiento de buque estándar), añadiendo unas cláusulas que contemplan varios casos:

- Arrendamiento de un buque en construcción que se entregará una vez terminado.
- Arrendamiento para financiar la adquisición de la propiedad del buque.
- Arrendamiento de un buque gravado por una hipoteca y sometido temporalmente a un cambio de bandera.

Todos los países poseen un registro de buques, pero no todos contemplan la inscripción de los contratos de arrendamiento de un buque. En el ámbito internacio-

---

[9] Véase como ejemplo la Ley de Navegación Marítima española (artículo 189).

nal, la Convención de las Naciones Unidas sobre las Condiciones de Inscripción de Buques (1986) incorpora la inscripción de este contrato, dejando abierta la opción a cada Estado en particular. Países como Panamá, Liberia y Chipre registran los contratos de arrendamiento de buque.

4.4 Obligaciones de las partes

Las partes del contrato de arrendamiento del buque son la propietaria del buque o arrendadora y la arrendataria. Atendiendo al formulario Barecon/89, las obligaciones de cada una de ellas son las siguientes:

- **Obligaciones de la arrendadora**
  - Poner el buque a disposición de la arrendataria en el lugar y la fecha convenidos en el contrato. La fecha es siempre aproximada con un plazo límite, de manera que transcurrido este sin entrega del buque, se cancelaría el contrato.
  - Entregar el buque en perfecto estado de navegabilidad, comprobable mediante inspectores nombrados por las partes. El mantenimiento de ese estado de navegabilidad suele correr a cargo de la arrendataria. La práctica y los ordenamientos jurídicos contemplan como obligación de la arrendataria el mantenimiento del buen estado del buque, y ello por considerar que es la beneficiaria de su explotación en ese tiempo.
  - El aseguramiento del buque por los riesgos de la navegación; según el formulario Barecon puede accionarlo cualquiera de las partes, pero las primas del seguro correrán por cuenta de la arrendataria.

- **Obligaciones de la arrendataria**
  - Pagar el precio en los plazos convenidos. Esta obligación suele ser por adelantado. La empresa propietaria podrá resolver el contrato si no cobra el precio, aunque para retirar el buque deberá acudir a los tribunales.
  - Uso diligente y pactado del buque. Normalmente las pólizas marcan unos límites, como por ejemplo evitar zonas de guerra o no realizar un determinado tipo de tráfico. En caso de contravenir estos límites la arrendataria resarcirá los daños que recaigan sobre el buque a la propietaria.
  - Devolución del buque en el mismo estado en que estaba y en el plazo determinado, aceptando el desgaste ordinario. Para comprobar el estado del buque se inspecciona y se comparan los resultados de este análisis con los

del momento de la entrega. Si se entrega más tarde debido a causas razonables, por creer la arrendataria diligentemente que el viaje no iba a exceder del plazo de entrega, se aceptará dentro de unos límites aproximativos; en caso contrario, la propietaria deberá ser indemnizada y se le deberán abonar las cuotas de la prolongación del alquiler.

- No se admite la prórroga tácita del contrato, sino que deberá darse por escrito.
- Se hará cargo de las reclamaciones derivadas del ejercicio de su explotación.
- No podrá subarrendar o ceder el contrato sin autorización escrita de la arrendadora.

4.5 Terceras personas

La responsabilidad, como en todos los contratos, puede ser:

- *Contractual:* nace del incumplimiento de las obligaciones entre las partes.
- *Extracontractual o frente a terceras personas:* como consecuencia del contrato se derivan daños para terceras partes no contratantes.

Todos los contratos que, durante el tiempo en que estos duren, establezcan el capitán del buque en cuestión o la arrendataria, irán a cargo de estos. Si aparecen terceros perjudicados, contractual o extracontractualmente, reclamarán a la arrendataria y la propietaria. Estas terceras personas podrán dirigirse contra la propietaria siempre que ostenten un crédito marítimo privilegiado, puesto que al derivarse del buque se enlaza a su propietaria.

4.6 Extinción del contrato de arrendamiento del buque

Puede ser por la *venta* o la *pérdida del buque*.

- En caso de venta, finaliza el contrato de arrendamiento al margen de que la arrendataria pueda reclamar daños a la propietaria. Parece posible, en caso de darse esta situación, que la arrendataria finalice el viaje que estuviese llevando a cabo durante la venta si así lo acuerdan esta y la nueva propietaria.

  El tratamiento de la venta es extrapolable a la requisa o la expropiación forzosa dictada por una autoridad pública, siempre que ambas supongan la pérdida de la propiedad, y ello se desprende del formulario Barecon.

- En el segundo caso, la pérdida del buque hace inviable la continuidad del contrato y sus efectos se producen inmediatamente, sin ser obstáculo para las reclamaciones que la propietaria pueda plantear a la arrendataria.

5 Contrato de fletamento por viaje

Es aquel contrato en el cual la empresa fletadora contrata la capacidad de carga total de un buque para un viaje en concreto. La empresa fletante o naviera pone su buque a disposición de la fletadora, la cual se compromete a transportar mercancías en él durante un viaje a cambio de un precio o flete.

Es un contrato tipo fundamental, pues a través de él han aparecido la mayoría de contratos que son producto de la modernización de la actividad marítima y de los avances tecnológico navales.

5.1 Finalidad

La empresa fletadora contrata con el fin de posicionar su carga en el buque o bien subcontratar espacio a otras cargadoras para obtener un beneficio y así transportar la mercancía.

Este contrato se utiliza, básicamente, en los tráficos de mercancías a granel de todo tipo.

5.2 Elementos reales

Los elementos reales del contrato de fletamento por viaje son:

- *El buque:* salvo pacto en contrario, el buque no podrá ser sustituido por la empresa fletante o armadora, y en caso que se sustituya se puede pedir resolución del contrato. En el contrato deberán constar las principales características del mismo (pabellón, registro, nombre, magnitudes, etc.). En lo referente a la capacidad de carga se admite, en la práctica, hasta un 5 % como margen de error.

- *La mercancía:* la clase de mercancía que se debe cargar no podrá variar más que con el consentimiento de la empresa armadora, razón por la que se define en el contrato sin exactitud alguna. La cantidad se señalará en toneladas o con expresiones tales como «un cargamento total de carbón», «un cargamento completo de crudo» o «un cargamento completo de azúcar, mínimo 25.000 toneladas y máximo 27.000».

- *El viaje:* este queda determinado en la póliza de fletamento con más o menos rigor; normalmente se suelen fijar varios puertos de carga y descarga opcionales o señalar una zona costera para que la fletadora escoja ahí el puerto que más le convenga. Hay pólizas que se utilizan para varios viajes o que cubrirán tantos viajes como sean necesarios para transportar una gran cantidad de mercancía; este último caso se conoce como «acuerdo por tonelaje» *(tonnage agreemen)*. En algunas circunstancias también se puede establecer un tiempo marco en el contrato.

- *El flete:* la obligación de su pago queda condicionada a que se realice el transporte, si este no se hace no resultará la obligación de su pago.

5.3   Forma del contrato de fletamento por viaje

La póliza de fletamento *(charter-party)* es el documento sobre el que se plasma este contrato. El conocimiento de embarque corrobora a modo de recibo el posicionamiento de la mercancía a bordo, y aunque en el tráfico de líneas regulares sustituye a la póliza, en este contrato este documento se subyuga a la misma.

En el conocimiento de embarque deben constar datos como: nombre y matrícula del buque, puerto de carga y descarga, información sobre la mercancía y flete.

Hay formularios de pólizas tipo que ayudan a una rápida circulación en la actividad marítima, y que han sido creadas por organismos internacionales, como la Bimco o la Chamber of Shipping del Reino Unido. En la práctica diaria, hay ocasiones en las que no se llega a firmar la póliza y se acepta lo acordado por un correo electrónico.

Las principales pólizas que se puede destacar son para cualquier tipo de tráfico: Gencon (de la Bimco), Intertanko y Tankervoy.

5.4   Obligaciones de las partes

Las partes de este contrato son la empresa fletante o transportista y la fletadora o cargadora. La fletante puede ser propietaria o no de la nave, siempre que posea sobre ella facultades suficientes como para establecer dicho contrato (asimismo, puede ser arrendataria o usufructuaria). En la negociación de este contrato suele intervenir un agente intermediario, corredor de fletamento o bróker, que puede incluso llegar a firmar el contrato en nombre de ambas partes, a pesar de que no es muy aconsejable.

5.4.1 Obligaciones de la fletante

- **Entrega del buque**
  - *Entrega del buque* a la fletadora en el tiempo convenido: las pólizas, como por ejemplo la Gencon, fijan un plazo aproximado entre dos fechas. Vencido el plazo máximo, si la fletadora no solicita una declaración de intención vinculante y la fletante la acepta, se resuelve el contrato. Esta resolución, según la póliza Gencon, no da lugar a indemnización de ningún tipo; este hecho no es compatible con algunos ordenamientos, por ejemplo el español.
  - *Puesta en disposición del buque* en perfecto estado de navegabilidad: el buque ha de poder navegar perfectamente durante todo ese viaje sin más riesgos que los naturales. Ha de ser un buque apto para el tipo de cargamento, la ruta y la meteorología a la que haya de enfrentarse. Este buen estado ha de ostentarlo cuando se haga a la mar; en el momento en que cargue las mercancías podría adolecer de alguna anomalía que no será obstáculo de repararse antes de zarpar.[10]
  - *Lugar de entrega del buque:* puede tratarse de un puerto, varios alternativos o es posible que lo seleccione la fletadora, siempre que sea un puerto seguro.

- **Realizar el viaje en la ruta náutica más conveniente**
  - Cualquier causa no justificada que altere la ruta conllevará unas consecuencias negativas para la fletadora. Según el derecho anglosajón, la fletadora se hará cargo de todas las incidencias sobre la carga, aunque no traigan causa en la variación de la ruta. Otros derechos, como el español, solo responsabilizan a la fletadora de los daños y perjuicios causa del desvío.
  - Al término del viaje, la fletante deberá entregar la mercancía. La custodia de la carga a bordo es de la fletante, por lo que bajo su responsabilidad correrán las averías y daños sobre la misma.

---

[10] A título de ejemplo, el artículo 212 de la Ley de Navegación Marítima española exige al porteador que el buque se encuentre en el estado de navegabilidad adecuado para recibir el cargamento a bordo y transportarlo con seguridad a destino, y que el estado de navegabilidad deberá existir en el momento de emprender el viaje, o cada uno de los viajes que incluya el contrato.

Además, pueden pactarse unas obligaciones accesorias para la fletante, a saber: estiba de la carga, su custodia y conservación, la no alteración del viaje, la no recepción a bordo de otra mercancía ajena a la de la fletadora contratante, y la de no sobrepasar la capacidad de carga del buque.[11]

Existe una serie de cláusulas que atribuyen a la fletante o fletadora la obligación de cargar, estibar, desestibar y descargar, entre las que nos encontramos, principalmente dos grupos las *gross terms* (por ejemplo: condición FAS *(free alongside ship)*, en donde será la fletante quien correrá con la obligación y gastos de las operaciones de carga, descarga, estiba y desestiba. En un segundo grupo, denominado *nets terms,* están las condiciones FIOS *(free in out stowed)* en donde la fletadora se encarga de la estiba, o la condición FIOST *(free in out stowed and trimmed)* en la que además la fletadora se encarga del trimado.

En el contrato de fletamento por viaje deben pactarse detalladamente el tiempo de plancha y demoras. Cualquier retención del buque supone pérdidas, ya que representa un tiempo muerto de su explotación. En estos contratos se fijan unos plazos para las operaciones portuarias, conocidos como planchas; la demora es el plazo adicional que se excede del contractual y por el cual la fletadora deberá pagar una cantidad también denominada demora.

Diferentes organismos (Bimco, CMI, Fonasba y GCBS) publicaron en 1993 las Reglas de interpretación de la plancha en la póliza de fletamento por viaje, también denominadas Voylayrules/1993, y son de aplicación siempre y cuando las partes en el contrato se sometan a ellas de manera expresa.

Las legislaciones de algunos países reconocen un privilegio legal de garantía sobre el crédito derivado del impago del flete a favor de la fletante. En el caso de España, por ejemplo, sí que lo contempla y funciona del siguiente modo: si la fletadora no paga el flete o se desconfía razonablemente de que lo haga, el capitán del buque fletado tendrá autorización para depositar judicialmente la carga de la fletadora, y durante veinte días se podrá solicitar su venta –a excepción de que la mercancía haya pasado con anterioridad a un tercero de buena fe por título oneroso–; si la cantidad económica obtenida por la venta no alcanza a la cantidad crediticia, el capitán podrá reclamar el resto.

El privilegio de la fletante es un derecho preferente para cobrar el flete mediante la venta de las mercancías transportadas.

---

[11] Italia, por ejemplo, no reconoce este privilegio de la fletante, artículo 561, núm. 4 del Código de la Navegación.

5.4.2 Obligaciones de la fletadora

- Pago del flete según las condiciones convenidas.
- Cargar lo pactado. En caso contrario, la fletadora deberá indemnizar a la fletante los daños y perjuicios que se calcularán sobre la diferencia de lo cargado y lo pactado; este es el flete sobre el vacío *(dead freight)*.
- Gastos de carga y descarga, en su caso, y cumplir los plazos prefijados para tales operaciones. La asunción de las operaciones de carga y descarga son obligaciones adicionales para las que las partes pactarán libremente cuál de las dos las asumirá.

5.5 Consignataria

No es parte del contrato pero tiene el derecho a recibir la mercancía transportada, y si los gastos de cargamento y flete no se hubiesen pagado por adelantado, los pagará ella.[12]

5.6 Responsabilidad de la fletante por daños en las mercancías transportadas

Desde la toma de las mercancías hasta su entrega en el lugar de destino, la fletante asume la responsabilidad por la pérdida, daños o deterioros parciales que sufran las mercancías.

Las pólizas exigían inicialmente un régimen de responsabilidad muy estricto para la fletante, pues lo convertían en responsable siempre, salvo en supuestos de fuerza mayor. Ello provocó una reacción por parte de las empresas armadoras, que paliaron tal situación introduciendo cláusulas de exoneración total o parcial en dichas pólizas.

En la actualidad existen dos posiciones al respecto:

- Pólizas que regulan este régimen de responsabilidad según las Reglas de La Haya-Visby, más tolerantes con los porteadores (por ejemplo, exime la responsabilidad del transportista por las faltas náuticas que haya cometido la tripulación). Esta normativa internacional del contrato de fletamento contrarresta esa tolerancia con la inadmisión de su derogación por pacto entre las partes.

---

[12] Véase el artículo 271.1-A de la Ley de Navegación Marítima española.

- Otras pólizas, como la Gencon, establecen una cláusula de negligencia por la que la fletante no devendrá responsable de las negligencias cometidas por su personal dependiente.

5.7 Extinción del contrato de fletamento por viaje

El contrato se dará por terminado si en el puerto de salida ocurriese:

- Declaración de guerra.
- Bloqueo del puerto de llegada final.
- Imposibilidad de descargar las mercancías en el puerto.
- Arresto gubernamental del buque.
- Pérdida de la navegabilidad del buque.

A instancia de la fletadora se rescindirá el contrato si:

- Antes de cargar la mercancía abandona el contrato y paga la mitad del precio.
- No coincide la capacidad del buque con la que figura en el certificado de arqueo.
- Incumplimiento de los plazos pactados.
- Una vez zarpado el buque, se crean unos riesgos y los cargadores decidieren descargar.
- Ante la necesidad urgente de reparar el buque en un puerto, los cargadores acuerdan disponer ya de las mercancías.

A instancia de la fletante se rescindirá el contrato si:

- Esta vende el buque y la nueva fletante lo carga; la primera indemnizará a la fletadora por los daños y perjuicios causados.
- La fletadora no deposita la carga al lado del buque, pasado el plazo de las sobreestadías.

6 Contrato de fletamento por tiempo

6.1 Flete por tiempo

Mediante el contrato de fletamento por tiempo o *time-charter,* la fletante se obliga a poner a disposición de la fletadora un buque por un tiempo determinado, recibiendo como contraprestación un precio o flete. La fletante/armadora o naviera poseerá la gestión náutica del buque, mientras que la fletadora asumirá la gestión comercial para el transporte de mercancías propias o ajenas.

Este contrato es un fletamento y no un arrendamiento. La armadora no pierde ni la posesión ni la gestión náutica del buque, y tanto el capitán como la tripulación seguirán siendo sus dependientes. Ahora bien, la fletadora gestiona comercialmente todo lo relacionado con la carga y su transporte y, en relación a esa gestión, la dotación y el capitán acatarán sus órdenes.

6.2 Regulación y finalidad del contrato de fletamento por tiempo

Algunos estados poseen una regulación específica para el fletamento por tiempo. En estos casos habrá que estar sujeto a lo estipulado mediante la póliza y la legislación.

El contrato de fletamento se desarrolló originariamente en el Reino Unido. Después de la Primera Guerra Mundial, otros países acogieron esta modalidad contractual y actualmente es muy utilizado en la práctica. Es interesante para: *a)* las navieras de líneas regulares que temporalmente estén interesadas en aumentar capacidad de carga; *b)* los que busquen un beneficio, a través del contrato con terceros, de una nave fletada por tiempo, y *c)* las empresas importadoras y exportadoras que, para evitar los altibajos que en el mercado supone el alquiler por viaje, quieren asegurarse el transporte por un tiempo.

6.3 Forma del contrato de fletamento por tiempo

Las pólizas más empleadas en el contrato de fletamento por tiempo son:

- La póliza uniforme de este contrato es por excelencia la Baltime *(Uniform time Charter Party),* que proviene de la Bimco y data de 1909 (última revisión en 2001). La póliza debe estar firmada por los contratantes.
- La póliza Nype *(New York produce exchange)* de 1913, que en 1981 cambió su nombre por Asbatime (última revisión en 1993).
- La póliza Linertime *(Deep sea time charter),* especial para tráficos de línea, aprobada en 1968 por la Bimco (revisada en 1974).
- Shell-Time, Texacotime, Bimchentime y Supplytime, són pólizas para buques tanque, para los que las mismas refinerías crean sus pólizas.
- La póliza Gentime/1999 *(General time charter party)* de la Bimco.

- La póliza Supplytime de la Bimco, para buques de suministro.
- Fonasba aprobó en el año 2000 el código Time Charter Interpretation Code (TCIC), cuyo objetivo se centra en solucionar problemas de interpretación de las pólizas de fletamento por tiempo, en especial para cuestiones relacionados con la suspensión del pago del flete, desviación, etc. Las partes deben someterse al TCIC de manera expresa.[13]

6.4 Obligaciones de las partes

6.4.1 Obligaciones de la empresa fletante o naviera

- Poner a disposición de la fletadora el buque en perfecto estado de navegabilidad en el lugar y tiempo estipulados, lo que implica:

  - Correr con los gastos del mantenimiento del casco y la maquinaria.
  - Seguro del buque.
  - Gastos de provisiones y salarios de la tripulación.
  - Que el capitán acate las órdenes de la fletadora para que esta desempeñe su actividad comercial.
  - Cambiar a miembros de la tripulación o al capitán si así lo requiriese la fletadora.

- Realizar los viajes que disponga la fletadora para el transporte de las mercancías.
- Responder por incumplimiento del plazo de entrega del buque, así como de los daños o pérdidas de la mercancía, pero no cuando se deban a negligencia o falta de los dependientes de la armadora, sino por culpa o falta de diligencia suyas.

6.4.2 Obligaciones de la empresa fletadora

- Pagar el flete recogido en la póliza (suele ser anticipado). El flete se calcula de acuerdo con el tiempo y no con los viajes que se realicen en ese período o con las mercancías que se transporten. Si el buque queda inmovilizado a causa de la actividad

---

[13] Puede analizarse un ejemplo de su regulación en la Ley de Navegación Marítima española, artículo 204 y siguientes.

de la fletante (por ejemplo, si entra en dique seco para ser reparado), no se pagará flete durante ese período de tiempo, es decir, existe una suspensión temporal del flete. Pero, como contrapartida, el plazo del contrato no se incrementa.

- Asumir los gastos de la explotación comercial: combustible, agua, desembolsos de puerto, servicios de practicaje, remolque, etc. (son costes variables que dependerán del número de viajes que se realicen), adelantar al capitán sumas dinerarias que el buque devengue en un puerto, y no atracar en puertos en guerra, con epidemias o bajo situaciones climáticas adversas, por ejemplo.
- Devolver el buque en el lugar pactado y en las mismas condiciones en las que fue recibido, cuando finalice el contrato.
- La fletadora responderá por los daños derivados de la carga inadecuada, ya sea por tratarse de una mercancía contraria a lo pactado o bien por una operación de carga no diligente.

6.5   Derecho de retención

La póliza Baltime/2001 otorga este derecho a la empresa fletante-armadora y a la fletadora-cargadora. La primera podrá retener los fletes que haya ganado la fletadora y cualquier mercancía de esta última, y la segunda podrá retener el buque por las sumas adelantadas que aún no hayan vencido, ante el incumplimiento de las obligaciones respectivas. Este derecho también viene reconocido en la póliza NYPE/93.

6.6   Terceras personas

Es difícil determinar la figura responsable frente a tercera personass en este contrato, puesto que la responsabilidad recae en la empresa porteadora, pero esta puede ser tanto fletante como fletadora. Para establecer quién es la responsable se sigue como principio general el siguiente: la firma del capitán en el o los conocimientos de embarque vincula a la fletante, salvo que se especifique e identifique claramente a la fletadora como representada del capitán en esa firma (en la práctica exige la firma de un agente de la fletadora).

6.7   Extinción del contrato de fletamento por tiempo

Al margen de la rescisión del contrato por mutuo acuerdo de las partes, este puede extinguirse por:

- **Frustración del contrato.** La mayoría de las pólizas recogen en sus cláusulas situaciones diversas que, de acaecer, rescinden el contrato automáticamente (por ejemplo conflictos bélicos o políticos que puedan atentar contra la seguridad del buque o su pérdida).[14] Esta regulación se ha de coadyuvar con la ley de cada país.

  La imposibilidad sobrevenida o cambio circunstancial completo es la teoría de la frustración del derecho anglosajón (por ejemplo, pérdida del buque o guerras) que conduce a la extinción del contrato. No será frustración el menoscabo económico de una de las partes sin más, ya que esta teoría exige que por consecuencia de la causa frustrante el pacto originario devenga del todo imposible.

  En derecho español existe una diferencia de trato entre la imposibilidad sobrevenida y el cambio circunstancial. Para el primer supuesto, y según el Código Civil, siempre que la causa no sea atribuible al deudor, se extinguirá el contrato (por ejemplo, la pérdida del buque). En el segundo supuesto, serán los tribunales los que en cada caso decidirán si se modifica o extingue el contrato (de extinguirse, la fletadora podría reclamar a la fletante original los daños y perjuicios causados).

- **Venta del buque.** El cambio de propiedad durante la vida del contrato, siempre que la nueva propietaria admita la continuación del fletamento por tiempo, no supone ningún problema. Ahora bien, si la nueva empresa armadora no deseara continuar con el contrato de fletamento, es dudoso que pese sobre este último la obligación de subrogarse en dicho contrato. Esta duda existe, entre otros, en el derecho español, pues no contempla regulación alguna al respecto, aunque la dinámica inspiradora de las normas parece apuntar a admitir la terminación del viaje que esté en curso y dar por rescindido el contrato.

7   Contrato en régimen de conocimiento de embarque

7.1   Flete en línea regular

Es aquel contrato mediante el cual la empresa cargadora –independientemente de la cantidad de carga– contrata con una porteadora, que explota su buque en una línea regular, el transporte de su mercancía de un lugar a otro, a cambio de un flete.

---

[14] Cláusula 16 de la póliza Baltime.

Algunos de los elementos que definen este tipo de contrato son:

- Las cargas de cualquier tipo y en cantidades pequeñas son objeto de este transporte.
- La empresa cargadora prácticamente no controla el transporte o el buque. Simplemente acepta el contrato de transporte.
- Las líneas regulares se establecen por las necesidades comerciales entre varios puntos geográficos. La naviera o armadora buscará cargas para transportar mercancías en los buques que circulan por esas líneas periódicamente.
- El precio o flete se fija en las conferencias marítimas o consorcios de cada tráfico.

7.2 Finalidad del contrato en régimen de conocimiento de embarque

La razón de ser de este tipo de contrato surgió cuando, a finales del siglo XIX aparecieron las líneas regulares de transporte marítimo, como consecuencia de la mejora técnica de los buques y del apogeo comercial, y porque la póliza de fletamento no se ajustaba a aquella nueva situación. En ella, la empresa cargadora está en una clara desventaja frente a la naviera, pues su control sobre el transporte y la navegación es prácticamente nulo. La función de la primera se limita a depositar las mercancías en el puerto y retirarlas en el puerto de destino a través de un agente o consignataria.

Pero no solo la empresa cargadora está en desventaja, sino que, como consecuencia de la actividad del transporte, quedan implicados otros sujetos. Las entidades aseguradoras de la mercancía, las entidades financieras o las cámaras de comercio, sin ser parte del contrato, mantienen un interés en la buena marcha del mismo, por lo que también incurren en desventaja frente a la porteadora.

7.3 Regulación

Todos los agentes afectos de un modo u otro al tipo de contrato en régimen de conocimiento han tratado para que se eliminaran las cláusulas de exención de responsabilidad de la naviera en el mismo. De ello deriva el Convenio de Bruselas y las Reglas de la Haya-Visby.

Este convenio afecta a toda persona que, sin ser parte negociadora del contrato, manifieste sus derechos en un conocimiento de embarque. Se aplica a todos los conocimientos de embarque o similares, pero no a las pólizas de fletamento.

Este cuerpo normativo, de gran profusión en los países costeros, ha sido uno de los instrumentos del derecho marítimo con mayor acogida en el ámbito internacional. Los diferentes países lo han ratificado e introducido en sus legislaciones a través de leyes o modificaciones de sus códigos.

La Comisión de las Naciones Unidas para la Unificación del Derecho Comercial Internacional (Uncitral), elaboró en 1978 el Convenio de Naciones Unidas sobre el Transporte de Mercancías por Mar, conocido como Reglas de Hamburgo, llamado a sustituir al Convenio de Bruselas, aunque no ha entrado en vigor en la mayoría de países.

7.4   Elementos personales

Los principales agentes intervinientes en el contrato en régimen de conocimiento de embarque son:

- **La empresa porteadora** que, según el Convenio de Bruselas, comprende a «la propietaria del buque o la fletadora, como parte en un contrato de transporte con la cargadora. La porteadora asume la obligación de transportar una mercancía de la cargadora, siendo el conocimiento de embarque fe de dicha relación contractual». Esta figura es, en ocasiones, difícil de identificar.

- **La empresa consignataria,** auxiliar terrestre del transporte marítimo, es un agente marítimo de la naviera ajena a las responsabilidades en que haya podido incurrir la porteadora. Será esta quien responda de cualquier anomalía y no la consignataria, cuestión que ha sido cuestionada por alguna jurisprudencia.

- **La empresa transitaria o comisionista** del transporte, cuya actividad versa sobre la contratación de transportes por cuenta de otros. Respecto al contrato de transporte en régimen de conocimiento de embarque, puede intervenir como simple intermediaria —en cuyo caso no formará parte del contrato— o como porteadora si emiten el conocimiento de embarque en virtud de una relación de agencia.

- **El capitán y la dotación,** son dependientes de la empresa porteadora, pero no serán nunca calificados de porteadores.

- **La empresa cargadora** es la que contrata un transporte de mercancías con una porteadora, constando como tal en el conocimiento de embarque.

- **La destinataria** es la persona física o jurídica autorizada a recoger las mercancías en el puerto de destino. Está legitimada para reclamar cualquier incidencia relacionada con las mercancías.

7.5 Forma del contrato en régimen de conocimiento de embarque

El contrato de transporte marítimo se plasma en un documento: el conocimiento de embarque. Este conocimiento es, según las Reglas de Hamburgo, el «Documento que hace prueba de un contrato de transporte marítimo y acredita que el porteador ha tomado a su cargo o ha cargado las mercancías, y en virtud del cual este se compromete a entregarlas contra la presentación del documento. Constituye tal compromiso la disposición incluida en el documento según la cual las mercancías han de entregarse a la orden de una persona determinada, a la orden o al portador».

Las funciones del conocimiento de embarque son varias:

- Hace constar las condiciones de transporte al estilo de los contratos de adhesión.
- Es prueba del contrato de transporte y de las estipulaciones que en él se hayan podido pactar; por tanto, es un título probatorio.
- La entrega de este documento a la empresa porteadora sirve a la destinataria para obtener la mercancía, y en este sentido se le conoce como título de crédito o título-valor.

En el conocimiento de embarque deberán aparecer: nombre, matrícula y porte del buque, puertos de carga y descarga, nombre de la empresa porteadora, de la cargadora y de la consignataria –si es un conocimiento nominativo–, el flete, los datos identificativos de las mercancías, así como número de bultos o de piezas, o la cantidad o el peso, y el estado aparente de estos.

Los modelos más usuales de conocimiento de embarque son: Congenbill e Intankbill 78 (ambos para tráficos graneleros) y k de la Bimco, que fue modernizado en 1973 por el Visconbill, que incorpora las Reglas de Visby.

Un conocimiento de embarque puede emitirse a la orden, al portador y nominativamente.

Existen documentos similares al conocimiento, como:

- **El conocimiento recibido para embarque:** este documento solo prueba la recepción de las mercancías por el agente de la empresa porteadora en el puerto de carga. Describe las mercancías y las condiciones del transporte.

Puede usarse como título valor, posibilitando a su tenedor la retirada de las mercancías.

- **La orden de entrega:** se utiliza para disponer de una parte de la mercancía y supone la existencia de un conocimiento de embarque. Esta orden puede ser: *a)* propia, se visa por la porteadora y deviene título valor que representa la mercancía, y *b)* impropia, que no está visada.

- **El conocimiento directo o corrido:** típico del transporte combinado, recoge el transporte de varios porteadores.

- **Carta de porte marítimo** *(sea waybill,* también conocido como *express bill of lading, straight bill of lading* o *non negotiable bill of lading):* no es un título valor, y el receptor puede recoger la mercancía sin aportar el documento original.

7.6   Obligaciones de las partes

Las partes del contrato de transporte marítimo en régimen de conocimiento de embarque son las empresas porteadora y cargadora.

- **Obligaciones de la porteadora**
  - Transportar y custodiar las mercancías. El transporte ha de seguir la ruta prevista; la custodia se extiende desde la recepción de las mercancías hasta su entrega.
  - Gestión náutica del buque, el cual deberá estar armado, equipado y perfectamente aprovisionado, en perfectas condiciones de navegabilidad.
  - La zona del buque donde se depositen las mercancías deberá estar en perfectas condiciones para preservar el buen estado de las mismas. Asimismo, cuidará la carga y estiba de las mercancías.
  - Recibidas las mercancías por la porteadora para transportarlas, esta deberá emitir un conocimiento de embarque, que le pedirá la cargadora.
  - Se encargará de la descarga de las mercancías, en su caso, y las entregará a la persona destinataria.

- **Obligaciones de la cargadora**
  - Depositar las mercancías a bordo o al costado del buque según se haya pactado, de acuerdo con una regla Incoterms.

– Pagar el flete por el transporte, en el caso que sea prepagado *(pre-paid)*.

– Retirar las mercancías en el puerto de llegada, personalmente o por la persona consignada o que se halle en posesión del conocimiento de embarque. La entrega y admisión de las mercancías implica que estas se hallan en buen estado, a menos que antes, o en el acto de retirada, se haga constar por escrito a la porteadora o a su agente los daños o pérdidas de las mercancías (de no ser estos menoscabos visibles a simple vista, existe un plazo de tres días siguientes a la entrega para hacerlo).

7.7 Responsabilidad de la porteadora

La responsabilidad de la porteadora aparece cuando esta incumple sus obligaciones principales, es decir, el transporte o la custodia de las mercancías.

No siempre coinciden los sistemas nacionales de responsabilidad de la porteadora –aplicables al transporte desarrollado en sus aguas– con los impuestos por los convenios, que se ocupan del transporte internacional y solo afectan a los países que los hayan ratificado e incorporado a sus ordenamientos.

El Convenio de Bruselas establece un sistema hermético: la porteadora no podrá incluir cláusula alguna de exoneración o limitación de responsabilidad. En principio estas cláusulas se admitieron, pero los repetidos abusos por parte de las empresas porteadoras dieron lugar a que esta norma internacional las eliminase.

El valor de la mercancía en caso de reclamación será el declarado por la cargadora en el conocimiento de embarque, aunque se admite prueba en contrario. De no existir dicha declaración, el valor de las mercancías en el puerto de descarga será el que tome el porteador en caso de tener que indemnizar al cargador –con el límite de 666,67 unidades de cuenta o derecho especial de giro (DEG)[15] por bulto o unidad, o dos DEG por kilo; se escogerá el límite más alto, sin que en ningún caso la cantidad supere el valor de la factura comercial de la mercancía transportada–. Estos límites no son operativos en caso de dolo.

---

[15] Unidad monetaria del Fondo Monetario Internacional (FMI) en que se expresan los límites máximos de indemnización por las responsabilidades en el transporte internacional de mercancías. Un DEG equivale a 1,2-1,4 € o 1,54 USD, aproximadamente (apartado SDR Rates de la web del FMI, www.imf.org).

8   Contratos de explotación naviera

8.1   Submodalidades de fletamento

Son contratos de fletamento no calificables como de tiempo o por viaje. Estos contratos son:

- **Fletamento por viaje redondo** o *trip chárter*. Se aplica cuando se fleta un buque para un viaje específico de ida y vuelta a un punto geográfico determinado. El flete se fija en función del tiempo necesario para llevar a cabo el viaje y se utiliza una póliza de fletamento por tiempo.

- **Fletamento por viajes consecutivos.** Este contrato se aplica cuando se fleta un buque para que realice todos los viajes que le sea posible en el plazo comprendido entre el tiempo de inicio y fin del contrato. El flete se paga al término de cada viaje y se calcula en base al tonelaje o volumen de mercancías transportadas. Los puertos de atraque pueden determinarse en la póliza o previa a la realización de cada viaje por la fletadora. Existen pólizas especiales para los fletamentos por viajes consecutivos, como la Shellconsec y la Inteconsec, para buques tanque que transporten crudo.

- **Contrato de volumen** o *tonnage agreement volume contract*. Es aquel contrato por el cual una persona se compromete a transportar una vasta cuantía de mercancías, en un plazo de tiempo y en diferentes viajes, a cambio de un flete que se computa por el peso y volumen de la carga. Es un contrato global en el que se incluyen tantos contratos de fletamento –con sus respectivas pólizas– como número de viajes se realicen; pero todas las pólizas deberán coordinarse con el contrato global.

- **Fletamento de células** o *slot chárter*. La célula o *slot* es cada una de las unidades de que dispone un buque portacontenedores celular para contenedores de 20 pies, bajo o sobre cubierta. Estos tipos de buques están divididos por células en su totalidad. Este contrato supone el fletamento de células.

  La póliza tipo Slothire/93 se utiliza principalmente para: *a)* pacto entre navieras de tráfico de contenedores en línea regular, para que fleten células a otros navieras cuando sea necesario y así aumentar su oferta; *b)* la empresa transitaria, que puede contratar células, y *c)* las grandes empresas importadoras o exportadoras que pueden fletar células en función de sus necesidades de transporte de mercancías.

8.2   Subfletamento

La empresa fletadora, después de haber firmado el contrato de fletamento, podrá fletar nuevamente el buque como subfletante a una nueva subfletadora o segunda fletadora. Se produce una cesión —por parte de la fletadora— total o parcial de los derechos que tenía frente a la naviera.

Las relaciones jurídicas de los contratos de fletamento y subfletamento quedan, tal y como señala Sánchez Calero, del siguiente modo:

- Entre la fletante y la fletadora del contrato de fletamento originario no se produce ninguna variación.
- Aparece una nueva relación jurídica entre la fletadora o subfletante y segunda fletadora o subfletadora; la primera cede sus derechos a la segunda por un precio, probablemente mayor al pactado entre fletante y fletadora.
- La única interconexión entre el contrato de fletamento y subfletamento es que la subfletadora podrá entablar una acción directa contra la fletante para que esta le ponga el buque a disposición.

En definitiva, el subfletamento es un nuevo contrato de fletamento que tiene origen en otro originario, puesto que la fletadora del contrato originario pasa a ser subfletante en este nuevo contrato.

Las pólizas Baltime72001, Gentime/99 y NYPE/93 contemplan cláusulas que admiten el subflete del buque, bajo la condición de que la fletadora primera responderá en todo caso ante la empresa armadora.[16]

8.3   Contrato de remolque

Es aquel contrato por el cual la naviera de un buque se compromete a desplazar a otro por el agua mediante fuerza de tracción, a cambio de un precio. Esta situación de necesidad del buque remolcado puede deberse a: *a)* el buque remolcado carece de energía motriz para su desplazamiento; *b)* esa energía es insuficiente, y *c)* imposibilidad de utilizar esa energía temporalmente.

---

[16] Esta exigencia también viene recogida en las normativas nacionales. Confróntese la Ley de Navegación Marítima española (artículo 206).

El contrato de remolque viene recogido en distintos formularios y en las diferentes leyes nacionales.[17] Entre los formularios, destacan los publicados por la Bimco: el Towcon y el Towhire, ambos referidos al contrato de remolque de altura internacional; y otros, como el United Kingdom Standard Conditions for Towage and Other Services, o el Netherlands Towage Conditions.

En la práctica se distinguen dos tipos de contrato de remolque: el remolque portuario y el de altura u oceánico, en función del ámbito donde se realiza la operación de remolcar. Esta distinción viene a corresponderse con la que separa el remolque-maniobra del remolque-transporte. En este último, la naviera que realiza el remolque asume las obligaciones no solo de la tracción del buque remolcado, sino también las inherentes al contrato de transporte, por lo que se refiere a la custodia y entrega de la mercancía. Por el contrario, en el remolque-maniobra la naviera solo asume las obligaciones propias de la tracción.

El remolque-transporte es muy común en los ríos, pues el remolcador arrastra barcazas con su carga.

Las obligaciones de las partes de un contrato de remolque son:

- La naviera del remolcador dará paso a la tarea del remolque en el momento y lugar determinados en el contrato. Además, se encargará de los preparativos necesarios para su labor y, en la mayoría de los casos, seguirá las órdenes del capitán del buque remolcado, quien dirigirá la maniobra.

- La naviera del buque remolcado pagará el precio del servicio y cooperará con él.

8.4   Contrato de pasaje

Es el contrato de transporte marítimo de personas por el que la empresa operadora de transporte –a cambio de un precio y según las condiciones convenidas– se obliga a trasladar a una persona de un puerto a otro. La diferencia básica respecto al contrato de transporte de mercancías versa en el objeto transportado, las personas. Este contrato, como fuente económica, ha tenido un gran desarrollo debido al auge de los cruceros.

---

[17] Por ejemplo, en Chile se regula en su Código de Comercio (libro tercero modificado en 1977); en Italia en el Código de la Navegación; en España no existe regulación legal, aunque la jurisprudencia lo ha calificado de contrato mercantil y en algunos supuestos se rige por la Ley de Auxilios y Salvamentos.

El Convenio relativo al transporte de pasajeros y sus equipajes por mar, de 1974, también conocido como Convenio de Atenas, regula internacionalmente este contrato, modificado en 1976 por un protocolo (PAL/76). Dicho convenio y protocolo son de carácter imperativo, por lo que cualquier cláusula que se ponga en el contrato que contravenga el Convenio de Atenas y su Protocolo PAL/74/76, se tendrá nula y sin efecto. Asimismo, las leyes nacionales tanto de ámbito público como privado normativizan este contrato.

Es un contrato de adhesión que se prueba por la posesión del billete emitido por la compañía, el cual además identifica al pasajero. Las partes del contrato son la empresa transportista y el pasajero:

- A la transportista le corresponde transportar al pasajero en perfecto estado de un puerto a otro, en el buque, el tiempo y la ruta señalados, así como su equipaje. A esta obligación principal se le puede añadir la de proporcionar alojamiento, comida, actividades de ocio, etc., en el transcurso del viaje.

- El pasajero deberá pagar el precio por el transporte y, de no hacerlo, la transportista podrá retener sus pertenencias. Si el pasajero está ausente en el momento de zarpar, aquella podrá emprender el viaje sin él y exigirle el pago completo. Los daños causados al buque por el pasajero deberá indemnizarlos a la transportista.

Cabe destacar la responsabilidad contractual de la empresa transportista por daños al pasajero. El Convenio de Atenas señala, en su artículo 3: «el transportista será responsable del perjuicio originado por la muerte o las lesiones corporales de un pasajero, y por la pérdida o daños sufridos por el equipaje, si el suceso que ocasionó el perjuicio ocurrió durante la realización del transporte y es imputable a culpa o negligencia del transportista o de sus empleados o agentes si estos actuaron en el desempeño de sus funciones». Establece unos límites mínimos de responsabilidad que se deben respetar en los contratos y la inadmisión de cláusulas que exoneren al transportista de dicha responsabilidad. A causa de ello, por la naturaleza del objeto que se debe transportar, se ha establecido el seguro obligatorio de pasajeros

En el año 2002 se realizó el Protocolo PAL/2002 cuya función es actualizar la regulación del Convenio de Atenas, en especial respecto a los límites de responsabilidad y las franquicias. No obstante, el Protocolo PAL/2002 no está en vigor al no estar ratificado por el número suficiente de estados. Esto ha motivado que la OMI aprobase en 2006 un modelo de reservas y directrices tendentes a la aplicación de dicho protocolo, reconociendo a los estados que ratifiquen el PAL/2002 que tengan la posibilidad de reservarse el derecho a limitar la responsabilidad de la empresa porteadora y sus aseguradoras.

9 Contratos auxiliares de la navegación

Los contratos auxiliares de la navegación son un recurso para agrupar de algún modo aquellos contratos conexos al transporte marítimo en general.

9.1 Contrato de practicaje

Se concluye entre la empresa armadora del buque, representada por el capitán, y la corporación de prácticos o el práctico del lugar, que se obliga a sugerir la ruta y a asistir al capitán en las maniobras de atraque y desatraque del buque en el puerto.

La figura del práctico está habilitada oficialmente para el desempeño de su actividad en un puerto o en una zona peligrosa.

9.2 Contrato de carga y descarga

Las labores de carga y descarga ponen principio o fin a un transporte marítimo. Son, básicamente, la puesta de mercancías en un vehículo para ser transportadas o la extracción para pasar a otro medio de transporte o ser almacenadas, depositadas, distribuidas, clasificadas o desplazadas en la misma zona portuaria.

Dada la importancia de estos trabajos, la Uncitral elaboró el Convenio de las Naciones Unidas sobre responsabilidad de los empresarios de terminales de transporte en el comercio internacional (Viena, 1991), que entrará en vigor cuando sea ratificado por cinco estados. Este convenio configura un régimen subjetivo de responsabilidad del empresario, que será responsable de los daños y retrasos de las mercancías por el mero hecho de tener las mercancías bajo su custodia, a no ser que pruebe lo contrario.

La confluencia de esta actividad en el puerto genera efectos privados, por la responsabilidad civil por daños, y públicos, pues los puertos suelen intervenir administrativamente en la realización de dicha prestación.

Las empresas de carga y descarga contratan con la naviera u otra persona para llevar a cabo dicha tarea, que supervisará el capitán, a cambio de un precio. Este contrato se califica de arrendamiento de obra. Aparece previsto en los contratos de fletamento y de transporte.

9.3   Contrato de suministro de combustible

En muchos ordenamientos es un simple contrato de compraventa, mediante el que se vende combustible a cambio de dinero para el funcionamiento del buque. La importancia de este contrato radica en el alto valor del combustible y su especialidad identificada con la evolución técnica de las máquinas que lo precisan.

En el ámbito internacional existe un formulario de este contrato, el Fuelcon, elaborado por la Bimco en 1995, con la función de precisar y equilibrar las posturas contractuales: *a)* concreción de la calidad del combustible; *b)* análisis del mismo con la entrega; *c)* modo y tiempo de entrega, y *d)* no se entenderá completada la venta hasta que no se haya pagado su precio.

La póliza Fuelcon no fue muy bien recibida por algunos sectores del mercado al entender que beneficiaba los intereses de las empresas compradoras, por lo que la Bimco aprobó en 2001 la póliza BSBC *(Standard bunker contract)*. Cabe destacar que se regula un sistema de recogida de muestras de combustible que deberán tomarse en el momento de su entrega, y que servirán para solucionar posibles problemas.

9.4   Contrato de arrendamiento de contenedores

La evolución de la contenerización en el transporte ha conducido a la existencia de empresas arrendadoras de contenedores.

La Bimco aprobó, en 1997, un modelo de contrato de arrendamiento de contenedores, denominado Conlease *(Standard container lease agreement)*, que contiene aspectos esenciales como: *a)* estado en el que se deberá entregar el contenedor a la empresa usuaria y ser devuelto por esta a la arrendadora, y *b)* no existe traspaso de la propiedad del contenedor por el simple arriendo.

El contrato Conlease fue revisado en el 2006 y dio lugar a la póliza Boxtime/2006, que se divide en dos partes, una para regular las condiciones particulares y otra dedicada a las condiciones generales que regulan las relaciones entre las partes firmantes del contrato.

9.5   Contrato de la naviera con comisionistas del transporte

Este contrato no goza de un tratamiento internacional, sino que cada país lo ha regulado en el ámbito del derecho privado.

En términos generales, la figura del comisionista se puede segmentar como:

- **Comisionista porteadora:** es la empresa que contrata un transporte con una cargadora, pero serán una o varias transportistas ajenas a ella las que realicen efectivamente el transporte. Las empresas comisionistas se subrogarán en la posición de la porteadora en cuanto a sus responsabilidades y obligaciones y a sus derechos. La comisionista actúa como transportista, aunque no utilice sus propios medios para realizar el transporte, y por ello es igual de responsable que una transportista.

- **Comisionista simple:** es la que contrata un transporte por cuenta de otra persona. Su función es contratar y no transportar, por lo que su responsabilidad no alcanza al transporte.

9.6 *Contrato de empresas transitarias y agencias de transporte*

Las empresas transitarias son operadoras de transporte internacional y de tránsitos aduaneros. Contratan en nombre propio con la transportista, actuando como cargadora, mientras que frente a la cargadora se responsabilizarán como una porteadora.

Este régimen de responsabilidad de la empresa transitaria se repite en los ordenamientos europeos continentales; sin embargo, en el derecho anglosajón es un agente que no responderá del transporte, a excepción de que así se haya previsto en el contrato.

En la práctica del transporte internacional se utilizan principalmente dos contratos tipo:

- **Certificado de transporte del transitario** *(Fiata Forwarders certificate of transport o FCT),* documento que expide la empresa transitaria y que formaliza el contrato de transporte internacional de mercancías intermodal entre esta y la empresa cargadora. La transitaria actúa como mandataria cuya función es contratar adecuadamente por cuenta de la cargadora. No responde como transportista.

- **Conocimiento de embarque multimodal Fiata** *(Fiata bill of lading),* documento que expide la empresa transitaria y que formaliza el contrato de transporte internacional de mercancías intermodal entre esta y la cargadora. Cumple asimismo la función de acuse de recibo del estado de la mercancía, declaración de despacho aduanero y certificado de seguro, si la empresa exportadora lo solicita. Si se emite «a la orden» puede ser objeto de negociación por parte de quien lo posea. Las responsabilidades e indemnizaciones asumidas por la transitaria en caso de siniestro son las que correspondan al modo de transporte utilizado en el momento del daño o pérdida.

Las agencias de transporte se regulan por las normas internas de cada país. En el caso de España, por ejemplo, a través de la Ley de Ordenación de los Transportes Terrestres (LOTT), que las define como empresas intermediarias entre las usuarias y las transportistas, que las auxilian en la contratación de transporte público por carretera de viajeros o mercancías. Este concepto abarca al transporte marítimo.

Las agencias contratan el transporte en nombre propio; no podrán contratar en nombre de la empresa transportista que realice el transporte efectivo o como cargadora. Además, para actuar como tales precisarán el cumplimiento de una serie de requisitos administrativos.

En este orden de cosas, y desde el plano internacional, la empresa transitaria será responsable como porteadora o no en función del documento contractual utilizado: *Negotiable Fiata combined transport bill of lading* o *Forwarders certificate of transport* (Fiata FTC), respectivamente. La posición de las agencias dependerá de la legislación interna del Estado al que pertenezcan y demás cuestiones de derecho internacional que haya que considerar en cada caso.

Capítulo 7
El seguro marítimo

La dinámica de la actividad marítima impone desde antaño el aseguramiento de sus operaciones. El seguro marítimo es pionero en el campo de los seguros en general y los primeros riesgos asegurados fueron los de la navegación. Los estudiosos sitúan su origen en la Edad Media (siglo XIV), como consecuencia del tráfico marítimo en el Mediterráneo y como resultado de la prohibición por la Iglesia Católica del préstamo a la gruesa, cuyas retribuciones consideró usureras. El préstamo a la gruesa consistía en un pago anticipado del riesgo por parte del prestamista al dueño del buque o la mercancía, de manera que, si la expedición no llegaba a buen puerto, no se devolvía el pago; si no ocurría ningún siniestro, el prestamista recobraba la suma anticipada.

A partir de entonces, una vez contratado el transporte marítimo se despliega una serie de contratos de seguros en función del interés asegurado: buque, mercancía y daños derivados de la gestión de la navegación (por ejemplo, contaminación). Estos seguros por ofrecer cobertura a unos intereses conectados al comercio por mar se adjetivan de marítimos.

El seguro es hoy un elemento indispensable en el transporte marítimo. Cada expedición marítima conlleva un conjunto de seguros de esta naturaleza sobre los diferentes intereses asegurados. Sin la existencia del seguro sería impensable que los distintos sujetos del transporte actuasen, al menos por su propia cuenta y riesgo. Como bien señalaba Rodríguez Carrión:[18] «El seguro marítimo es la caja de resonancia de todas las instituciones marítimas. Sin él podemos afirmar que desapare-

---

[18] Rodríguez Carrión, José Luis: «Los seguros marítimos y aéreos. El préstamo a la gruesa», en Derecho Mercantil (Guillermo J. Jiménez Sánchez, coord.), 4.ª edición, Ariel, Barcelona, 1999, p. 882.

cería todo el comercio mundial. Su importancia es tal que, sin el menor género de dudas, el progreso de la humanidad se debe en grandísima medida a la existencia del seguro marítimo».

1   Los mercados aseguradores

El mercado asegurador es actualmente muy homogéneo, así que la competencia se distingue en un solo factor: el precio. Su oscilación económica solía producirse cada cinco años hasta el año 2001. Los atentados terroristas del 11 de septiembre de 2001 en Nueva York y la crisis económica globalizada alrededor del año 2007, empujaron a los mercados en general, incluyendo el asegurador, hacia una total irregularidad que se extiende hasta la actualidad.

Londres es un punto geográfico clave en las operaciones aseguradoras. Existen razones históricas para ello: el Reino Unido dispuso de una flota naval muy importante, de manera que la práctica diaria condujo al desarrollo de un derecho y un seguro marítimo que resolviese cualquier incidencia que pudiera entorpecer la buena marcha del comercio marítimo. De este modo, nació en este país una fuerte industria en materia aseguradora que abarca todos los campos, pero en especial, el del seguro marítimo. En esta área, el Reino Unido es el eje motor y ostenta una parte considerable del mercado asegurador marítimo. En Londres existen muchas instituciones aseguradoras, pero dos ocupan un lugar preponderante: el Lloyd's y el IUA.

El Lloyd's es un mercado o punto de encuentro de aseguradores individuales, que en nombre propio o por cuenta de otros pactan contratos de seguro. Los seguros que se contratan en el Lloyd's responden a las categorías de marítimo, no marítimo, aviación y automóviles, aunque la entidad se originó para tratar el seguro marítimo y es en esta categoría en la que destaca.

Esta institución debe su nombre a Edward Lloyd, propietario de un café en Londres en el siglo XVII. Por aquel entonces, el aseguramiento del buque y la mercancía se efectuaba a través de unas pólizas, que ofrecían unos comerciantes a otros con el compromiso de que quienes las firmaran debían responder con la totalidad de su fortuna en caso de siniestro. Los comerciantes que suscribían la póliza eran los aseguradores *(underwriters)*. El tipo de clientela de este café, en su mayoría armadores, capitanes y otras figuras del sector marítimo, animó a Edward Lloyd a promover un intercambio de información entre ellos sobre los seguros marítimos y pólizas disponibles, de modo que se creó un punto de encuentro en el mercado marítimo asegurador. En el siglo XVIII, los aseguradores se asociaron para regular la admisión de nuevos miembros y las diferentes cuestiones relacionadas con su actividad, y se trasladaron al Royal Exchange adoptando el nombre de Lloyd's. En 1871 una ley reguló su negocio y marcó los pilares del actual Lloyd's. Desde 1994 pueden ser miembros de esta institución no solo personas físicas individuales, que responden ilimitadamente, tal y como se estableció en sus orígenes, sino también compañías de responsabilidad limitada. En la actualidad abarca un 13 % del mercado mundial del seguro marítimo.

Si una compañía quiere asegurar un activo en el mercado del Lloyd's, lo hará mediante un corredor autorizado que, a cambio de una comisión, actuará de intermediario entre la compañía y el miembro del Lloyd's con el que considere mejor asegurado su interés marítimo. Para cubrir los gastos derivados de un siniestro, esta institución sigue un sistema de cadena de seguridad formada por distintos fondos a los que se recurre ordenadamente. En caso de tratarse de un seguro contratado con un miembro individual, se acudirá primero al Syndicate's Premiums Trust Fund, de donde se suelen pagar las reclamaciones; si no es suficiente, el fondo de los miembros del Lloyd's y otros activos lo cubrirán. Si aun así faltase capital, se pondrá a disposición la fortuna personal, y de no llegar esta a la suma reclamada, el fondo central lo solventará. Para los seguros contratados con miembros corporativos, la cadena de seguridad actuará en el mismo orden, con la salvedad de que no entrará en juego ninguna fortuna personal.

El Institute of London Underwriters (ILU), forma parte de la Internacional Underwriters Association of London (IUA), producto de la fusión del ILU con la London International Insurance and Reinsurance Market Association (Lirma). Son líderes en el mercado de los seguros marítimos, ya que en él se contrata gran parte de los mismos, y sus criterios marcan las pautas que van a seguir las compañías aseguradoras. El nivel de exigibilidad para ser miembro del IUA no es tan alto como en el Lloyd's; además, en lugar de estar constituido por personas individuales o agrupadas en sindicatos, sus miembros son compañías. Con la globalización económica, han desaparecido la mayor parte de las pequeñas y medianas compañías de seguros, lo que ha dado lugar a un número menor de compañías en el mercado, pero más fuertes económicamente.

Las coberturas que se ofrecen desde el IUA son las más conocidas en todo el mundo. Desde sus orígenes, en esta institución siempre se han estudiado y perfeccionado las cláusulas del seguro marítimo, que son el modelo que siguen las pólizas de este tipo de seguros. Asimismo, anualmente el IUA publica estadísticas sobre la evolución del mercado asegurador marítimo que constituyen un punto de referencia para las compañías aseguradoras.

No obstante, la primacía del Reino Unido en el mercado marítimo asegurador, también es preciso tener presente otras instituciones no británicas, como es el caso del mercado escandinavo que juega un papel muy relevante en el seguro marítimo. Noruega es el país más importante en este mercado. Destaca por ofrecer unas condiciones aseguradoras más amplias, que cubren cascos, cabotaje, mercancías y energía. El modo de contratación del mercado escandinavo es muy personalizado y apuesta por correr mayores riesgos de los habituales, siempre que se puedan fundamentar en un buen conocimiento del asegurado, razón por la que es muy competitivo respecto al mercado londinense.

El mercado asegurador marítimo se presenta, pues, con un marcado carácter internacional con unos puntos de referencia: Londres, países escandinavos, Nueva York o Tokio, que son plazas donde el seguro marítimo tiene un amplio campo de contratación.

2   Contrato de seguro marítimo

El contrato de seguro marítimo es aquel por el que una persona (asegurador) se obliga, a cambio de una prima, a indemnizar a otra (asegurado) por una suma establecida en dicho contrato en caso de que acaezca uno de los riesgos previstos por el contrato que cause daños al patrimonio empleado en la actividad marítima. Es, pues, un contrato:

- Oneroso, dado que se realiza a cambio de un incentivo económico.
- De tracto sucesivo, pues se puede prorrogar temporalmente.
- Aleatorio, porque depende del azar: si un riesgo tiene lugar con consecuencias dañinas, el asegurador indemnizará al asegurado.
- Sinalagmático, pues crea obligaciones recíprocas en las partes.
- De empresa, que es la que asume el riesgo.
- De indemnización, porque el asegurado persigue con este contrato un resarcimiento económico de los daños sufridos como consecuencia del siniestro.
- De buena fe, porque la función del seguro es la de reparar el daño mediante el abono de una indemnización, pero no cabe el lucro por parte del asegurado. Esta característica protege a las empresas aseguradoras de los siniestros provocados por las aseguradas.

El seguro marítimo es un seguro de indemnización objetiva o de daños y, a su vez, un seguro de objetos determinados y concretos. Cubre los posibles riesgos que tienen consecuencias negativas para el buque, la mercancía transportada y demás intereses en juego. Si se producen unos daños por los riesgos de la navegación marítima se despliegan los efectos del contrato de seguro marítimo: la compañía aseguradora indemnizará a la asegurada.

El contrato de seguro se regula en todos los países a través de una legislación interna[19] específica, sin olvidar que también existen pólizas tipo que los aseguradores suscriben por exigencia de las navieras y de las reaseguradoras. En estas pólizas tipo se incluyen las cláusulas del Instituto de Aseguradores de Londres, no siempre fáciles de conjugar con los ordenamientos de proveniencia no anglosajona. El seguro marítimo se rige por el principio de libertad de pactos siempre que estos no atenten contra las leyes, la moral o el orden público.

En cuanto a la regulación del contrato de seguro marítimo, la Conferencia de las Naciones Unidas sobre Comercio y Desarrollo (UNCTAD) publicó, en 1984, unas cláusulas tipo para el seguro de cascos y el de la carga. Estas cláusulas no constituyen en sí mismas una póliza de seguros, pues no incorporan las cláusulas de seguros que correspondan a cada mercado, como por ejemplo las que indican la ley aplicable.

La UNCTAD no consiguió que sus cláusulas se aplicasen en el ámbito internacional, pero provocó que el mercado asegurador del Reino Unido revisase sus modelos, y se emitiera la póliza New Marine Policy, de 1982, con la finalidad de que el Reino Unido pudiera conservar la hegemonía en el mercado asegurador.

3   Clases de seguro marítimo

Los seguros marítimos se pueden clasificar por:

- Durabilidad del contrato, que puede ser por tiempo o por viaje.
- Interés asegurado, que diferencia entre el de buques o cascos, el de cargamento, el del beneficio esperado y el de responsabilidad.
- Cobertura del riesgo, total si es a todo riesgo o especial de determinados riesgos, por ejemplo, por contaminación.
- Modalidades de póliza, ya sea por cuenta ajena, por cuenta propia, por cuenta de quien corresponda o póliza flotante o de abono.
- Circulación de la póliza, que se presenta en tres modalidades: nominativa, a la orden y al portador.

---

[19] Véase como ejemplo de desarrollo legislativo, en España, los artículos 406 a 467 de la Ley de Navegación Marítima y de la Ley 50/1980, de 8 de octubre.

• Forma de explotación: mutua o a prima fija.

4   Elementos personales del contrato

La empresa asegurada o tomadora del seguro y la aseguradora son los elementos personales del contrato de seguro y, por supuesto, también del seguro marítimo.

En la práctica, aunque en la definición del contrato de seguro se hace referencia a ambas partes, la empresa armadora que se dirige a una compañía aseguradora para firmar un seguro de cascos, por ejemplo, no tiene poder alguno para negociar el contrato de seguro. Es decir, existe un claro desequilibrio entre las partes contratantes: la persona asegurada presenta una clara desventaja en cuanto a potestad transaccional, similar a la que se produce en la mayoría de seguros.

Normalmente, el seguro marítimo no es contratado por la empresa asegurada, sino por un tomador del seguro que actúa por cuenta ajena o por la de quien corresponda, por lo que en el momento de concertar la póliza no se conocerá la identidad de la asegurada. Este sistema está fuertemente arraigado en las pólizas de seguros marítimo de mercancías, provocando inclusive que se tendrá como asegurada a aquella empresa que una vez se haya producido el siniestro sea el propietaria de las mercancías.

5   Elementos formales del contrato

Sin la existencia de la póliza de seguro no se dará por válido el contrato de aseguramiento.

Las generalidades de los derechos nacionales describen al contrato de seguro como consensual, es decir, que el mismo se perfecciona por la voluntad de las partes. No obstante, para que las partes puedan probar no solo la existencia del contrato, sino también de su contenido, deberá realizarse por escrito a efectos probatorios. Otras regulaciones exigen que se perfeccione la existencia de póliza, pues de lo contrario se entenderá que no existe la contratación del seguro.

En la póliza debe constar por cuenta de quién corre el seguro, pero en los contratos de seguros de mercancías no suele especificarse el nombre de la persona y se admite por cuenta de quien corresponda. La forma escrita es indispensable para concluir el contrato. No obstante, la práctica de la actividad marítima es en muchas ocasiones tan rápida que no permite la emisión de una póliza, en cuyo caso se admite un «certificado de seguro».

En el seguro flotante o de abono aparece la denominada póliza flotante. Se utiliza con especial frecuencia en el transporte marítimo de mercancías, pues resulta más económica: en lugar de contratar un seguro de mercancías para cada expedición, se pacta un seguro flotante para un determinado tiempo y por una suma limitada, y se comunica a la aseguradora, en los distintos viajes, la mercancía que se transporta mediante el aviso de seguro. Pero, además, la póliza puede ser nominativa –en nombre de una empresa asegurada– o a la orden, para poder ser endosada.

Los modelos de condiciones generales o de pólizas son un común denominador en el mercado asegurador marítimo, como se ha señalado al tratar de los mercados aseguradores. Las cláusulas o condiciones del ILU y posteriormente IUA, dada su técnica y especialización, estandarizan las condiciones de cada tipo de seguro y se incluyen de manera generalizada en las pólizas de los seguros marítimos.

6   Interés asegurado

El interés asegurado es el objeto del contrato de seguro. No se trata del bien sobre el que recae el seguro, por ejemplo, el buque o la mercancía, sino del interés que sobre ese bien tiene la empresa asegurada. El núcleo del contrato de seguro se basa en la relación de la asegurada respecto al bien sometido a una serie de riesgos, esto es, el interés patrimonial.

El interés asegurado puede clasificarse según el bien núcleo de dicho interés. El seguro del buque comprende el interés sobre sus partes integrantes, pertenencias y accesorios.

- El *buque* comprende las máquinas, pertrechos, aparejos y demás efectos adscritos a aquél, es decir las partes integrantes del buque, sus pertenencias y accesorios. Se excluyen las mercancías. Se denomina «seguro sobre cuerpos» o «seguro de cascos» porque asegura cualquier interés sobre la empresa propietaria del buque o sobre este.

- Las *mercancías* deben concretarse en la póliza. La persona que tiene interés sobre las mercancías será en principio la propietaria de las mismas, como también los acreedores pignoraticios, etc.

  Este seguro se conoce como seguro de carga o sobre facultades y comprende todos los intereses involucrados con la mercancía, así como sus envases, embalajes y otros.

- El *beneficio esperado por la venta de mercancías* es la expectativa económica que se deposita en el cargamento una vez este ha llegado, en perfecto estado, al puerto y tras deducir los gastos de transporte y seguro. Este beneficio probable no requiere una enajenación efectiva de la carga, sino que simplemente se basa en el valor que se obtendría en caso de venderla, cantidad que deberá constar en la póliza. Se considerará siniestro la no llegada de las mercancías a puerto o su recepción con retraso o en mal estado.

- El *flete,* tanto en interés de la empresa fletante o porteadora como de la fletadora o cargadora. Se distinguen dos tipos de flete: flete a ganar y flete adquirido a todo evento. El flete a ganar está a favor de la posible ganancia de la porteadora o fletante cuando esta se vea frustrada al no recibir el pago del flete por parte de la fletadora o cargadora en cumplimiento legal o contractual. En cambio, el flete adquirido a todo evento garantiza el flete entregado a la fletante o porteadora. Esta diferencia entre flete a ganar y flete adquirido a todo evento radica en el hecho de que el flete solo debe pagarse en su totalidad si las mercancías llegan a destino; de perderse o reducirse estas, también se reducirá el pago del flete.

- *Deudas derivadas de la navegación marítima* son, por ejemplo, daños de responsabilidad civil por abordaje o contaminación. Es el seguro de responsabilidad civil por daños a terceros.

- *Desembolsos* son aquellos objetos que la empresa armadora compra para armar el buque, como, por ejemplo, los pertrechos y el combustible.

- *Responsabilidad* de la empresa armadora frente a los daños que esta cause a terceros como consecuencia de la explotación del buque.

Es apreciable, por tanto, la variedad de supuestos que pueden asegurarse en función del interés asegurado, por lo que habrá que atender a lo señalado en la póliza.

7   El riesgo

El riesgo es la posibilidad de que se produzca un daño que lesione un interés; por tanto, es la causa del contrato de seguro. La característica principal del riesgo es que este debe ser fortuito quedando excluidos los daños inevitables, los ciertos y los putativos, como viene recogido este último en la legislación de Colombia, al tratarse de riesgos que solo existen en la mente del tomador/asegurado y asegurador. Este riesgo deberá enmarcarse en unas coordenadas de espacio y tiempo en el contrato. En el seguro marítimo se habla de la universalidad del riesgo porque no es uno concreto, sino todo un conjunto de riesgos, e igual ocurre en el seguro del transporte en general. La universalidad de riesgos puede quedar limitada contractual o legalmente, es decir, los seguros no cubrirán más que aquellos riesgos establecidos en el contrato y que la ley no haya excluido.

La ley libera a la aseguradora de la obligación de pagar la indemnización en caso de acción culposa o dolosa de la empresa asegurada o sus dependientes (riesgo conocido como «baratería») y por vicio oculto de las cosas (buque o mercancías transportadas), salvo pacto en contra de las partes.

Los riesgos excluidos suelen ser los producidos por una situación de guerra (entre los que se incluyen las consecuencias de embargo, la retención, el apresamiento o el cierre de puerto, el saqueo y la represalia), la baratería del patrón o capitán y el vicio propio de la cosa asegurada.

Los riesgos más típicos que deben cubrir las pólizas son: varada, temporal, naufragio, abordaje, cambio de derrota o buque, echazón, incendio, saqueo, y otros accidentes de mar.

Figura 7.1. La correcta sujeción y estiba de las mercancías permiten minimizar los riesgos en el transporte.

Estos riesgos de la navegación se acostumbran a ampliar en las pólizas con otros que no son estrictamente marítimos, sino que anteceden o posponen su aparición al transporte marítimo. La intermodalidad del transporte ha empujado a muchos transitarios a plantear a la aseguradora un seguro marítimo un poco más amplio, que facilite la cobertura de las fases intermedias inmediatamente anteriores o posteriores al viaje marítimo. Además, también se incluyen las fases de reparación en los astilleros o la construcción, al igual que el tiempo de fondeo.

8   Obligaciones y deberes de las partes

8.1   La empresa asegurada

La obligación principal de la empresa contratante o tomadora del seguro es pagar la prima, por lo general anticipadamente y de una sola vez, a no ser que se haya pactado el pago a plazos, así por ejemplo la International Hull Clauses (IHC/IUA/2003). En el contrato se pacta el lugar, tiempo y modo de pago.

Los deberes de la empresa contratante o asegurada son: la valoración del interés asegurado, la comunicación a la aseguradora de las cuestiones que puedan afectar a los riesgos asegurados (por ejemplo, el aumento o la disminución de la prima por un cambio de valoración del buque), requerir el ejercicio de un comisario de averías para que valore los daños producidos, realizar la declaración del riesgo, comunicar la modificación del riesgo, avisar cuando se produzca el siniestro y el deber de ayudar en la subrogación contra el responsable del siniestro.

8.2   La compañía aseguradora

Es la compañía que se compromete a indemnizar a la asegurada, a cambio de una prima y en caso de que tenga lugar un siniestro que cause daños en los intereses asegurados en el contrato. Suele actuar directamente o a través de agentes o corredores de seguros.

Producido un evento dañoso sobre el interés asegurado, la aseguradora indemnizará a la asegurada según lo establecido en el contrato. Para llevar a cabo la indemnización existen dos procedimientos:

- **La liquidación por avería** (modo general aplicable a cualquier caso) establece que la aseguradora pagará la indemnización pactada, siempre que se haya producido un evento dañoso de los contemplados en la póliza. Si el daño sobre el buque o las mercancías es total, la indemnización será igual al valor del interés asegurado, es decir, la suma establecida en la póliza a la conclusión del contrato. Pero si el daño es parcial, un perito especializado deberá valorar su alcance; en este caso, se abonará una cantidad proporcional. La aseguradora pagará el valor del interés menos el valor de residuo, que es el que quedó tras la producción del daño. Si se procede a la reparación del buque, es posible que este aumente su valor, en cuyo caso la indemnización no alcanzará esa mejora añadida, que se calculará basándose en el valor del buque en el contrato de seguro. Si las mercancías se deterioran debido al siniestro, se valoran en ese estado y ello se resta a lo que se habría obtenido de no haber ocurrido el siniestro: la diferencia es el valor que se deberá indemnizar junto con los fletes, derechos de aduanas, gastos derivados de los peritos y del intento de salvamento de la carga.

En los seguros de responsabilidad, de producirse daños a terceros la indemnización será igual al valor de esos daños.

El asegurado deberá probar que ha tenido lugar un siniestro, cuya posibilidad se había previsto en el contrato, y que aquél ha provocado un daño. Es frecuente la aportación de pruebas documentales que ratifiquen la existencia de los daños.

- **La liquidación por abandono** (solo en siniestros mayores) tiene lugar cuando la empresa asegurada traslada la propiedad de las cosas aseguradas a la aseguradora con el fin de que esta se convierta en su propietaria a cambio de pagar —a la asegurada— el montante total del valor constado en el seguro. Si se produce un siniestro grave, se da la liquidación por abandono sin necesidad de valoración previa.

  Los supuestos de liquidación por abandono son:

  - *Pérdida total absoluta:* pérdida total de los valores asegurados ya sea el buque, el flete o la mercancía (por ejemplo, en caso de naufragio).

  - *Pérdida funcional:* el buque no puede operar por problemas técnicos (por ejemplo, una avería) o jurídicos (por ejemplo, un embargo).

  - *Pérdida total económica:* las cosas aseguradas pierden en una proporción superior a tres cuartas partes del valor del buque, o de acuerdo con la International Hull Clauses (IHC/IUA/2003) se entenderá que existe dicha pérdida si el coste de reparación supera el 80 % del valor del buque.

– *Pérdida total presunta:* cuando no es posible probar que existe una pérdida real del objeto asegurado, pero una vez transcurrido el plazo de tiempo fijado en la póliza no se encuentra el buque.

– *Pérdida total convenida:* las partes pueden pactar que, aunque no se den los anteriores supuestos, se liquide el siniestro mediante el procedimiento del abandono.

Si la empresa asegurada opta por la liquidación por abandono, deberá comunicarlo a la aseguradora mediante una declaración de abandono notificada para transmitir la totalidad del valor asegurado. Cuando esta última esté disconforme, este acto unilateral de la asegurada se someterá ante un juez a fin de que resuelva la discordancia.

Una vez abonada la indemnización por la aseguradora, ya sea por liquidación por avería o por abandono, esta se subrogará en la posición de la asegurada para reclamar daños a posibles terceras partes responsables de los mismos.

9 Cláusulas de la Internacional Underwriters Association

La Internacional Underwriters Association of London (IUA) ha creado una serie de cláusulas que son acogidas en las pólizas de los contratos de seguros y que los va actualizando periódicamente. Estas cláusulas se utilizan de modo estándar y a diario en la celebración de contratos de seguro y reaseguro, si bien su admisión en los contratos en países con ordenamientos jurídicos diversos y distantes del anglosajón crea algunas dificultades de interpretación. La estructura y función de dos de las pólizas más utilizadas son:

* **Las *Institute time clauses-hulls***
Se trata de cláusulas relativas a los cascos y, según el modelo de 11 de enero de 1995, son las que se describen en la tabla 7.1.
Esta póliza asegura a un buque por un tiempo determinado, habitualmente unos doce meses, pero también existen otras pólizas que abarcan solo un viaje *(voyage)*.
Si bien estas cláusulas han sido denominadas en el mercado asegurador como «a todo riesgo», en realidad se producen exclusiones tan importantes como para desvirtuar tal afirmación. En general, las pólizas emitidas por el IUA referentes a los seguros de buques distinguen dos tipos de riesgos:

– Riesgos que hayan tenido lugar bajo una conducta diligente de la empresa asegurada, que comprenden: explosión de calderas; rotura de alguna parte de la maquinaria del buque o de su casco; culpa del capitán, la tripulación o los prácticos; culpa de los mecánicos que reparen cualquier avería de las referidas o de las empresas fletadoras –a menos que estos se encuentren asegurados en esta póliza–; baratería del capitán o de la tripulación, y cualquier contacto con naves aéreas o lo que de ellas pueda desprenderse.

– Riesgos en los que la asegurada no haya obrado diligentemente, como son: riesgos del mar, ríos, lagos y aguas navegables; incendio y explosión; robo con violencia; echazón; piratería; determinadas colisiones del buque; terremotos; erupciones volcánicas; rayos; accidentes en la estiba y desestiba, y cambios de lugar de la carga o el combustible respecto del buque.

Otra cuestión importante de las pólizas de cascos es la valoración del buque. En primer lugar, habrá que tener en cuenta que, a efectos de la póliza –excepto que el seguro prescriba específicamente otra cosa– se entiende el buque como una unidad que incluye: casco, quilla, máquinas, aparejos, equipos, respetos y provisiones. Y en segundo lugar, la valoración del buque propiamente dicha; la función primordial del seguro de cascos es ofrecer una cobertura tal que, dado un daño patrimonial sobre el buque bajo unas circunstancias aseguradas en la póliza, la aseguradora indemnice a la asegurada de tal modo que esta no vea su fuente de ingresos, entiéndase el buque, menoscabada.

1 Navegación	10 Avería gruesa y salvamento	19 Pérdida total constructiva
2 Prórroga	11 Obligaciones del asegurado	20 Renuncia al flete
3 Infracciones	12 Deducible	21 Asignación
4 Clasificación	13 Notificación de reclamación y liquidación	22 Garantía de desembolsos
5 Terminación		23 Extornos por amarre y cancelación
6 Riesgos	14 Nuevo a viejo	24 Exclusión de guerra
7 Riesgos de contaminación	15 Tratamiento de fondos del buque	25 Exclusión de huelga
8 Porcentaje de 75 % de responsabilidad por abordaje	16 Salarios y manutención	26 Exclusión de actos maliciosos
	17 Comisiones de agencia	27 Exclusión nuclear
9 Buques hermanos	18 Daños no reparados	

Tabla 7.1. **Cláusulas de seguro de cascos de las Institute Time Clauses-Hulls.**

En relación con la mercancía, existen tres pólizas distintas (2009):

- **Institute Cargo Clauses A**
  Esta póliza ofrece la más amplia cobertura, aunque erróneamente denominada a todo riesgo, pues aunque se indique que quedan cubiertos todos los riesgos, posteriormente se especifican una serie de exclusiones. En esta póliza se recogen un número amplio de riesgos de pérdida o daños sobre la cosa asegurada. Se excluyen los daños por pérdida o gastos producidos por la conducta dolosa de la empresa asegurada, la pérdida ordinaria de peso o volumen, el desgaste ordinario, el embalaje inadecuado, el vicio inherente o la naturaleza de la cosa asegurada, el retraso, la insolvencia o insuficiencia financiera por parte de las armadoras fletadoras o de las empresas operadoras del buque, o el uso de armas de guerra atómicas. Estos conceptos se recogen en la cláusula general de exclusiones. A esta cláusula se añaden las de innavegabilidad o inadecuación de los contenedores, la de exclusión de guerra y la de huelga.

- **Institute Cargo Clauses B**
  Esta póliza enumera los riesgos cubiertos, que comprenden: incendio o explosión; que el buque o embarcación embarranque o quede varado, se hunda o zozobre; vuelco o descarrilamiento del medio de transporte terrestre; descarga de la mercancía en un puerto de arribada forzosa; terremoto, erupción volcánica o rayo; pérdidas o daños de los objetos asegurados causados por sacrificio de avería gruesa; echazón o arrastre por las olas; entrada de agua de mar, de lago o de río en la bodega del buque, embarcación o medio de transporte, contenedor, remolque o lugar de almacenaje; pérdida total de cualquier bulto que caiga por la borda o durante las operaciones de carga o descarga, y la cláusula de avería gruesa y la de ambos culpables de abordaje.
  En la póliza B se excluyen los daños deliberados sobre el interés asegurado por parte de una tercera persona y los riesgos no contemplados en la póliza A.

- **Institute Cargo Clauses C**
  Los riesgos cubiertos son iguales a los de la póliza Institute Cargo Clauses B, con exclusión, respecto a esta última, de: terremotos, erupciones volcánicas y rayos; arrastre por las olas; entrada de agua de mar, de lago o río en la bodega del buque, en el medio de transporte, contenedor, remolque o lugar de almacenaje; pérdida total de cualquier bulto por caída por la borda o durante las operaciones de carga o descarga desde el buque o en él.

Estas pólizas A, B y C se dividen en los siguientes apartados:

a) y *b)* Los riesgos cubiertos y las exclusiones que se han especificado para cada una de las pólizas A, B y C.

c) Por lo que respecta a la duración, en un primer punto enuncia la cláusula de tránsito, que comprende desde que las mercancías salen del almacén hasta que llegan a destino. En un segundo apartado se explica la cláusula de terminación del contrato, por la que si el contrato de transporte termina en un lugar distinto al de destino, o si el tránsito finaliza antes de la entrega de las mercancías, se dará por terminado el seguro a menos que ello se comunique a la aseguradora y se prolongue el contrato. Finalmente, introduce la cláusula de cambio de viaje, que la empresa asegurada deberá comunicar a las aseguradora para que se reajuste el contrato. En todo caso queda incluido: desviaciones, descargas forzosas y reembarques, siempre y cuando estén fuera del control de la asegurada.

d) En cuanto a las reclamaciones, basándose en la cláusula de interés asegurable, la asegurada deberá poseer ese interés sobre la mercancía. En caso de entrar en acción la indemnización del seguro de mercancías por un siniestro por el que, además, estas hayan cambiado el lugar de destino, en virtud de la cláusula de reenvío, la aseguradora reembolsará a la asegurada todos los gastos extras.

En principio, y en virtud de la cláusula de pérdida total constructiva, la aseguradora no indemnizará las reclamaciones provenientes de esta cláusula, que comprende tanto una pérdida total e íntegra del objeto asegurado como una pérdida total económica (aunque el bien no esté totalmente dañado, su función económica deja de existir debido al siniestro).

La última cláusula del apartado de las reclamaciones viene referida al aumento de valor. Se aplica en caso de que la compañía asegurada contrate más coberturas de aumento de valor sobre la mercancía cubierta en las pólizas A, B o C, de manera que si se reclama un siniestro a la seguradora, esta tendrá en cuenta como valor de las mercancías la suma de todas estas coberturas.

El beneficio del seguro comprende la cláusula de sin efecto, que implica que ni la empresa porteadora ni cualquier otra depositaria podrá beneficiarse de este seguro.

- La aminoración de siniestros impone dos cláusulas: la de obligaciones de la empresa asegurada y la de renuncia. La primera de estas cláusulas obliga a la asegurada a ejecutar todas las medidas razonables encaminadas a evitar o minimizar los efectos del siniestro y a ejercitar todos los derechos contra las demás personas involucradas (porteadoras, transitarias y otras terceras); los gastos que de ello se deriven serán reembolsados por la aseguradora a la asegurada. La segunda cláusula, de renuncia, implica que las medidas razonables empleadas no perjudicarán los derechos de las partes.

- La cláusula de diligencia razonable del epígrafe de evitación de demora establece la actuación diligente del asegurado.

   El último punto recae sobre la cláusula de ley y práctica inglesa, que impone la aplicación de este ordenamiento y la actuación de sus tribunales para cualquier incidencia que pueda aparecer.

Nos hemos referido a las cláusulas del Institute Cargo Clauses para cascos y mercancías, que son las más genéricas. No obstante, existen otras para situaciones de guerra, huelgas, riesgos de los astilleros, riesgos de puerto, para mercancías específicas y buques de pesca, entre otras. Lo que debe destacarse es que la IUA elabora pólizas tipo sobre la mayor parte de los seguros relativos a la actividad del transporte marítimo, y que sus modelos de póliza se aplican en gran medida a los seguros marítimos en el ámbito mundial.

Así, existen otras cláusulas utilizadas en las pólizas, como son:

- **Institute frozen food clauses:** cubre las pérdidas o daños que se puedan atribuir a un fallo de la máquina refrigeradora por un periodo no inferior a 24 horas, por fuego o explosión, por hundimiento del buque, colisión o descarga del buque en un puerto diferente al inicialmente acordado.

- **Institute frozen meat clauses:** similar a la anterior, pero relativa a carne congelada.

- **Institute war clauses e Institute strike clauses:** cubren los daños en las mercancías atribuidas a guerra, revolución, rebelión, huelgas o motines, entre otras causas.

- **Seguro de cascos, International hull clauses (IHC/IUA/2003):** la cobertura de este seguro cubre:

  - Peligros de los mares, ríos, lagos y otras aguas navegables.
  - Incendio y explosión.
  - Robo producido por persona ajena al buque.

- Echazón.
- Piratería.
- Contacto con vehículo terrestre.
- Terremotos.
- Accidentes causados en las operaciones de carga y descarga.
- Contacto con satélites, aviones, helicópteros y similares.

10   El coaseguro

Es la celebración paralela de varios contratos de seguro sobre el mismo interés y riesgo asegurado y por igual tiempo, siempre que exista un acuerdo previo entre las distintas aseguradoras en el que se establezcan las cuotas que corresponden a cada una y que la empresa que toma el seguro dé su consentimiento. En realidad, se trata de una acumulación de seguros parciales, ya que cada aseguradora cubre una parte de un mismo riesgo en igual proporción.

Estos acuerdos previos de las aseguradoras pueden ser puntuales para determinados contratos, aunque también es posible que haya un acuerdo genérico entre las coaseguradoras.

La empresa asegurada podrá dirigirse a cualquier coaseguradora indistintamente, en caso de que se produzca un siniestro con resultado de daños sobre el interés asegurado, a través de la acción de reclamación directa. La coaseguradora le deberá indemnizar por la totalidad del daño, aunque exceda de la proporción en la que ella participa. No obstante, con posterioridad, esta coaseguradora podrá repercutir internamente lo pagado de más al resto de coaseguradoras. Terceras personas damnificadas podrán también ejercitar su acción directa frente a cualquier coaseguradora, quien, al igual que en el caso anterior, procederá a repercutir la suma indemnizada, en la cantidad en que exceda la proporción que le corresponda, a las demás coaseguradoras.

Así, el contrato de coaseguro es básicamente un contrato de seguro con la especificidad de que se incluye en el lado asegurador a varias entidades aseguradoras, que participarán proporcionalmente a la hora de indemnizar a la asegurada, siempre que todo ello se refleje fielmente en el contrato de coaseguro.

11   El contrato de reaseguro

El contrato de reaseguro aumenta la garantía del contrato de seguro y es muy utilizado en el seguro marítimo. Las aseguradoras cubren de nuevo el objeto del contrato, pero esta vez como aseguradas, es decir, reaseguradas. En el contrato de reaseguro se fija la suma que se indemnizará mediante un pacto interno, de modo que este contrato no afecta a la empresa asegurada (del contrato de seguro). Esta podrá reclamar la indemnización marítima a la aseguradora, al margen de que esta la reclame internamente a la reaseguradora.

Esta modalidad de seguro está recogida en la legislación de los países. En el caso de la española, por ejemplo, la Ley de contrato de seguro la define así:

«El reasegurador se obliga a reparar, dentro de los límites establecidos en la ley y en el contrato, la deuda que nace en el patrimonio del reasegurado a consecuencia de la obligación por este asumida como asegurador en un contrato de seguro».

La empresa asegurada –salvo contadas excepciones– no podrá dirigir su reclamación contra la reaseguradora, sino contra su aseguradora (reasegurada), pues es con quien pactó el contrato.

Se trata de una herramienta muy útil cuando se aseguran grandes riesgos; si las compañías aseguradoras tuvieran por sí solas que asumir estos riesgos, probablemente dejarían de existir. De este modo, el reaseguro aparece como una instancia ulterior a la que la aseguradora podrá recurrir para garantizar los riesgos por ella asumidos, con lo que consigue un mayor equilibrio en los riesgos que haya asegurado, de forma que le resulta más fácil conseguir fondos que inviertan en su tesorería. Debido a su carácter internacional, la experiencia de las compañías reaseguradoras es fuente instructora para las compañías aseguradoras.

12   Los clubes de protección e indemnización

Un club de protección e indemnización es una organización en forma de mutua aseguradora cuyos miembros son empresas armadoras o navieras, cuyo fin es asegurarse recíprocamente frente a los daños que puedan producirse por su actividad naviera.

Estos clubes aparecieron en el Reino Unido en el siglo XVII con la función de proteger los daños en los cascos de los buques; por ello se les conocía con la terminología inglesa de *hull clubs*. Así, son producto de la evolución de las sociedades amistosas y gremios que hasta entonces habían asegurado estos riesgos. Pero, además, estas mutuas aseguradoras, clubes de cascos, son una reacción a la inseguridad financiera que vivía en aquella época el sector del seguro marítimo en el Reino Unido.

12.1 Función de los clubes de protección e indemnización

La función de estos clubes, además del aseguramiento de los cascos, que con el paso del tiempo se fue extendiendo a otros riesgos relacionados con la actividad marítima, era también el aglutinamiento de empresas armadoras (originalmente de una misma área geográfica y posteriormente de distintos lugares) en un punto de reunión para posibilitar el intercambio de información sobre los avatares de la actividad marítima.

Las compañías aseguradoras han conseguido abrirse paso en el ámbito del seguro marítimo gracias, en parte, a la ventaja de exigir una prima fija, en lugar de una suma flexible que dependiera de los siniestros que fuese preciso cubrir al resto de navieros de la mutua. Cada año, todos las empresas miembros del club depositan una cantidad económica, con la que se indemnizarán los daños que reciba uno de sus miembros en la explotación de sus naves y según las reglas que haya dictado cada club. Si tienen lugar muchos siniestros y esa suma inicial no es suficiente, se deberá incrementar.

Ese albedrío del destino frente a la prima fija de las compañías aseguradoras es la mayor diferencia del éxito entre uno y otro modo de aseguramiento del comercio marítimo.

Cada club de protección e indemnización (o club de P&I) dicta anualmente unas reglas que especifican los términos de este seguro, los riesgos cubiertos y los excluidos, seguros mutuos, las primas y los dividendos, así como los límites de responsabilidad.

Generalmente, los riesgos cubiertos por los clubes son:

- **Cobertura de protección**
  - Responsabilidad por abordaje.
  - Daños personales causados a la tripulación.
  - Daños personales causados al pasaje.
  - Daños personales causados a los supernumerarios (personas a bordo que no pertenecen a la dotación y el pasaje, por ejemplo, invitados de la naviera, técnicos del astillero, etc.).
  - Polizones y refugiados rescatados en el mar.
  - Remoción de restos.
  - Salvamento.
  - Contaminación.

- **Cobertura de la indemnización**
  - Responsabilidad frente a la carga.
  - Remolque.

- Multas.
- Gastos de cuarentena.

A todo ello debe sumarse aún la cláusula ómnibus, que incluye la posibilidad de que, si se da un riesgo que no esté expresamente excluido y tiene relación directa con la buena marcha de la explotación del buque, el club puede hacerse cargo de su cobertura.

12.2　Los clubes en la actualidad

A comienzos del siglo xx aparecieron los clubes escandinavos, de similar naturaleza a los ingleses, y hoy de gran importancia en el mercado marítimo mundial, sin olvidar los de Estados Unidos, Japón, Rúsia, Corea del Sur y Grecia.

La adaptabilidad de los clubes a las nuevas exigencias legislativas es una constante desde su creación, como se puede apreciar en un breve recorrido por su historia:

- En 1901 la *Factory Act* (Ley de fábricas) a favor de la seguridad de los trabajadores marcó un hito legislativo con el incremento de la seguridad en la actividad marítima, y el consecuente aumento de responsabilidad para las empresas armadoras, lo cual comportó una mayor cobertura hacia ellas por parte de los clubes.

- En 1906, la *Workmen's Compensation Act* (Ley de compensación a los trabajadores) estableció el principio de indemnización para el caso de que un trabajador resultase herido durante su actividad laboral. La Merchant *Shipping Act* (Ley de la Marina Mercante) (de 1894, 1898 y 1906), responsabiliza a las empresas armadoras de la manutención y repatriación de los marinos desembarcados en el extranjero a causa de enfermedad o lesiones.

- La *Carriage of Goods by Sea Act* (Ley del Transporte de Mercancías por Mar) de 1924 introduce las Reglas de La Haya, surgidas del Convenio de Bruselas. Estas reglas sirven para dirimir quién es el responsable en caso de que se produzcan reclamaciones por la carga. Las Reglas de Hamburgo, que tienden a sustituir las de La Haya, cuando entren en vigor en un mayor número de países, incrementarán la responsabilidad de las navieras respecto a la carga que transportan.

- La *National Insurance (Industries Injuries) Act* de 1946, aumentó la responsabilidad de las empresas armadoras respecto a la tripulación, responsabilidad que quedará relegada a la Administración pública mediante el sistema de la Seguridad Social. Las empresas armadoras deberán pagar al Estado una contribución periódica por cada trabajador, de modo que será la Administración la que indemnice al trabajador en caso de daños.

Cabe destacar el papel de los clubes en cooperación con la Administración durante las dos guerras mundiales del siglo xx. En efecto: en esas fechas se desarrolló la cláusula de riesgos de guerra *(war risks)*.

Por otro lado, en las primeras décadas del siglo xx se incrementó el transporte de hidrocarburos, en donde los clubes cubrieron los riesgos por contaminación, si bien limitaban su responsabilidad al amparo de los convenios internacionales y de algunos acuerdos voluntarios.

Alrededor de la década de 1960, algunos clubes ingleses trasladaron su residencia a paraísos fiscales, como son los casos del U.K., Standard y Steam-ship, que fijaron sus respectivas residencias en las Bermudas.

La implantación internacional de los clubes se hace evidente si se tiene en cuenta que nueve de cada diez buques en el mundo está integrado en una mutua aseguradora, club de P&I. Esto permite promover conferencias con el fin de unificar la limitación de la responsabilidad de las empresas armadoras.

Los clubes P&I más importantes constituyeron el International Group of P&I Clubs, formado por trece clubes, once de los cuales tiene sede en la Unión Europea, uno en Japón y otro en Estados Unidos.

Las principales características de la cobertura proporcionada por los clubes son las siguientes:

- **Complementariedad.** El P&I da una cobertura complementaria a los seguros de cascos, lo que se traduce en que los miembros tendrán derecho a recibir la indemnización si tienen contratada una póliza de seguros de cascos, no cubriendo el P&I los riesgos cubiertos por esa póliza.

- **Indemnidad.** El seguro de P&I es un seguro de responsabilidad civil, lo que significa que para el club el siniestro existe, no en el momento de producirse el daño, sino cuando el miembro paga al perjudicado, aplicándose la regla *pay to be paid.*

- **Ilimitación.** Los seguros P&I no se fundamentan en un valor asegurado, provocando que sean unos seguros de cobertura ilimitada con indemnización también ilimitada. No obstante, se han puesto límites con la aprobación por parte de los clubes de los denominados límites globales indemnizatorios.

- **Flexibilidad.** Los clubes tienen aprobadas sus coberturas en las reglas aprobadas por la junta general, pero también es de aplicación el principio de flexibilidad u *omnibus rule,* la cual posibilita a que el club se haga carga de una reclamación no cubierta por las reglas del club.

Capítulo 8
Incidencias durante el transporte

1 Accidentes de la navegación

En este capítulo se abordan aquellas circunstancias y riesgos a los que una expedición marítima está sometida, y que podrán modificarla o alterarla de darse una o más de estas incidencias.

En el derecho marítimo tradicional el término «avería» aludía a algún suceso extraordinario que pudiese ocurrir durante la navegación, a anomalías que afectasen al viaje marítimo, como el abordaje o el naufragio, por ejemplo.

En la actualidad, estas averías han pasado a denominarse «accidentes de la navegación marítima», expresión más coherente con las distintas situaciones que reúne y que las legislaciones de cada país han acogido. Son accidentes cuyo tratamiento jurídico dista de la materia de daños, pues la navegación les brinda un carácter propio que debe reflejarse en las normas que los regulen.

2 Abordaje

El abordaje es la colisión de dos o más buques causando daños. En caso de producirse un choque entre un buque y un muelle, no será un abordaje propiamente dicho ni se regirá por las normas del derecho marítimo.

El crecimiento del tráfico marítimo ha incrementado los riesgos de abordaje, para lo que la comunidad internacional ha legislado y previsto sus repercusiones jurídicas.

Una sentencia de principios del siglo xx lo conceptuaba así:[20] «El abordaje puede darse entre dos embarcaciones, cualquiera que sea su clase o tamaño, por acercamiento, encuentro o choque o golpe más o menos violento de una a otra embarcación, pero siempre sobre la base de hallarse las dos naves separadas, independientes una de otra, con libertad de movimientos, nunca ligadas entre sí y con relación de cierta dependencia de cualquiera de ellas con relación a la otra».

De esta definición de abordaje se extraen los siguientes elementos:

- **El buque o embarcación.** Se acepta en general un concepto amplio de buque, a tenor del reglamento internacional para prevenir los abordajes de 1972, regla 3.ª «*a)* La palabra «buque» designa a toda clase de embarcaciones, incluidas las embarcaciones sin desplazamiento y los hidroaviones, utilizadas o que puedan ser utilizadas como medio de transporte sobre el agua».

- **Choque violento.** La jurisprudencia acepta el contacto físico sin necesidad de choque violento, en virtud del artículo 13 del Convenio para la unificación de ciertas reglas en materia de abordaje, de 1910: «El presente convenio se extiende a la reparación de los daños y perjuicios que un buque cause, ya por ejecución u omisión de una maniobra, ya por la inobservancia de los reglamentos, bien a otro buque, bien a las cosas o personas que se encuentren a bordo de ambos, aunque no haya habido abordaje».

- **Producción de un daño** e independencia de las naves entre sí. La responsabilidad por daños causados en el abordaje se da cuando se produce un resultado dañoso consecuencia de aquél. Sin la existencia de daños personales o materiales no hay abordaje.

  Los buques han de poseer una independencia física y jurídica, razón por la que no se consideran abordajes: la colisión entre el buque remolcado y el remolcador, la colisión entre buques pertenecientes a un mismo naviero y daños producidos entre buques unidos físicamente, y ello porque se antepone la regulación contractual que vincula a los buques a la regulación propia de los abordajes, aunque todo ello no obsta para que terceras personas puedan actuar sobre la base de un abordaje, como por ejemplo pasajeros de un buque remolcado.

----

[20] Sentencia del Tribunal Supremo español de 6 de diciembre de 1929.

- **Lugar** donde se produce la colisión. Siempre que uno de los buques implicados en el accidente se dedique a la navegación marítima, se entenderá abordaje tanto si la colisión tiene lugar en alta mar, aguas jurisdiccionales, aguas extranjeras, aguas libres, o puertos y fondeaderos. Si la colisión es fluvial, se aplicará la normativa sobre abordajes a los buques de navegación marítima en los ríos plenamente navegables con conexión al mar y en los tramos fluviales aptos para estos buques.

2.1 Regulación de los abordajes

Existen varias normas internacionales que regulan esta materia:

- El Convenio para la unificación de ciertas reglas en materia de abordaje (Bruselas, 1910).
- El Reglamento internacional para prevenir los abordajes en el mar (Londres, 1972, última revisión en 1974), que se conoce con las siglas RIPA. El convenio limita los formalismos, no siendo necesario la extensión de la reserva para presentar reclamación contra la empresa armadora del buque causante del abordaje, pudiéndose reclamar tanto la pérdida del buque, los daños al buque, perjuicios a personas e intereses.
- El Convenio Internacional para la unificación de ciertas reglas relativas a la competencia penal en materia de abordaje u otros accidentes de navegación (Bruselas, 1952).

2.2 Clases de abordaje y supuestos de responsabilidad

Según el Convenio para la unificación de ciertas reglas en materia de abordaje, estos se pueden clasificar en:

- **Culposo.** Caso en que este se deba a la culpa o negligencia de uno o más buques implicados. Será unilateral si tan solo uno de los navíos es culpable.

  Resposabilidad: Se da culpa, impericia o negligencia en uno o más de los buques causantes del mismo. Deberá existir un nexo de causalidad entre el daño producido y la acción u omisión productora del daño.

- **Bilateral o por culpa común.** Si el abordaje trae causa por culpa o negligencia de los dos buques intervinientes.

Resposabilidad: Es difícil determinar el grado de culpabilidad de cada embarcación, por lo que cada legislación ha marcado sus propias pautas reconducibles a tres opciones: *1)* cada buque se hará cargo de sus daños propios; *2)* cada buque soportará el 50 % de los daños ocasionados, y *3)* cada buque se responsabilizará en proporción a la gravedad de su culpa, opción empleada por el Convenio de Bruselas de 1910 y por la mayoría de países.

- **Múltiple.** Cuando la culpa es de más de dos naves partícipes del accidente.
  Resposabilidad: Para el caso en que intervengan más de dos buques, el régimen de responsabilidad será el del abordaje bilateral.

- **Fortuito.** Circunstancia en la que el abordaje no es debido a culpa o negligencia de ningún buque, sino a un caso fortuito o de fuerza mayor.
  Resposabilidad: Recoge los supuestos de caso fortuito o fuerza mayor y los ampara en la ausencia de responsabilidad, de manera que los daños causados se soportarán por los sujetos que los hayan recibido (Convenio de Bruselas de 1910, artículo 2).

- **Dudoso.** Es aquél en que no es fácil determinar la causa del mismo, el buque culpable o el grado de culpabilidad de los buques afectados.
  Resposabilidad: De no existir la posibilidad de determinar la causa, al sujeto causante del abordaje o el grado de culpabilidad, se repartirán los daños por la mitad según el Convenio de Bruselas de 1910.[21]

- **Especial.** Se trata de algún supuesto particular, como por ejemplo el abordaje con práctico a bordo, o de buques militares o de la Administración pública.
  Resposabilidad: Se deberá analizar cada caso en concreto.

La culpa común o concurrente supone que cada nave se hará cargo de sus propios daños, aunque todos los buques implicados responderán de modo solidario por los daños y perjuicios de la mercancía que transporten (según la ley interna del Estado español).[22] La regulación internacional, por su parte, aboga por un sistema de responsabilidad proporcional en función del grado de culpabilidad con que cada buque participó en el abordaje.[23]

---

[21] Hay legislaciones, como la española, que prevé para estos casos la solución de la culpa concurrente o común.

[22] Véase el Código de Comercio español (artículo 827).

[23] Convenio para la unificación de ciertas reglas en materia de abordaje, de 1910 (artículo 4).

2.3 Límite de responsabilidad

El límite de responsabilidad nace de la escasa o nula comunicación entre la compañía naviera y el buque en navegación que caracterizaba el transporte marítimo de antaño. Aunque los avances tecnológicos han transformado esta situación, el concepto está vigente y es base sólida del seguro. Las compañías aseguradoras necesitan conocer los riesgos que se deben cubrir y los límites de responsabilidad.

Las legislaciones nacionales han impuesto límites de responsabilidad a favor del naviero, pero cabe resaltar también el papel de los convenios internacionales:

- Convenio internacional relativo a la limitación de la responsabilidad de los propietarios de buques de navegación marítima (Bruselas, 1957, modificado por el protocolo de 1979). Establece un límite global de responsabilidad por tonelada de arqueo (distingue un límite para daños personales y otro para los materiales, quedando estos últimos mermados en caso de no ser la primera suma suficiente para sufragar los daños personales). Existe límite de responsabilidad por abordaje si este deviene por culpa del capitán u otro miembro de la tripulación, pero no cuando es por causa de la compañía naviera.[24]

- Convenio internacional sobre limitación de la responsabilidad por créditos marítimos (Londres, 1976), que sigue unas pautas similares al anterior, aunque eleva el límite de responsabilidad.

3   Salvamento o asistencia

3.1 Ayuda en situación de peligro

La navegación marítima puede hallarse en una situación de peligro, ya sea por una amenaza sobre el buque, las personas o la carga. Esta circunstancia queda protegida por la disciplina de la asistencia y el salvamento, cuyos pilares nacen del principio de ayuda solidaria.

---

[24] El Código de Comercio español contempla el límite de responsabilidad de la naviera en los casos de abordaje (artículos 837 y 838) referido al valor de la nave, sus pertenencias y fletes devengados en el viaje, justo en el momento inmediatamente anterior a la colisión. La naviera responderá hasta donde este límite quede fijado con todos sus bienes presentes y futuros.

Figura 8.1. Naufragio del buque *Svendborg Maersk*, frente a la costa atlántica
de Europa, en febrero de 2014, con 10.000 contenedores.

El salvamento, asistencia o auxilio es una acción de ayuda hacia un buque, persona o cosa que esté en el mar en situación de peligro. También puede denominarse socorro.

Para la regulación de la ayuda a la navegación en situación peligro, existen dos convenios internacionales:

- Convenio internacional para la unificación de ciertas reglas en materia de auxilio y salvamento marítimos (Bruselas, 1910). Convenio aplicable cuando la nave socorrida y la auxiliadora no sean de la misma nacionalidad.

- El anterior convenio quedó sustituido por el Convenio internacional sobre salvamento marítimo (Londres, 1989), que entró en vigor en 1996, y que integra el salvamento y el medio ambiente. Este convenio, aun en los países que no lo han ratificado, es de aplicación de forma indirecta a través del modelo tipo de contrato de salvamento Lloyd's Open Form (LOF) de 1990, que en la práctica establece como norma de aplicación entre las partes el contenido del convenio de 1989.

3.2 Características del salvamento

La ayuda en el salvamento no tiene por qué provenir de un buque, ya que también puede prestarse desde tierra mediante un asesoramiento o una actuación.

Son objeto de auxilio según el convenio de 1910: los buques de navegación marítima (tanto embarcaciones como artefactos al servicio de la industria o el comercio marítimo),[25] buques de navegación interior, cosas que se encuentren a bordo del buque (cargamento, pertrechos, combustible, etc.), el flete y el precio del pasaje, y las aeronaves, siempre que la ayuda que se les preste sea en el mar. Según el convenio de 1989, también podrá ser salvado el medio ambiente, pero no como objeto aislado, sino conexo a un buque que por sí mismo o por su carga pueda constituir una amenaza a aquél.

Auxiliador y auxiliado no han de tener ninguna relación previa a la situación de peligro, la actuación salvadora ha de ser voluntaria, factor que se desprende del convenio de 1989.

La situación de riesgo actual y extraordinario o peligro es *condictio sine qua non* para que exista salvamento, al igual que la obtención de un resultado útil a la tarea salvadora y la no prohibición expresa y razonable por parte de la persona socorrida ante el salvamento.

De las características de la asistencia o salvamento se desprenden los siguientes requisitos.

- **Situación de peligro.** Esta circunstancia debe darse tanto en el momento de pedir socorro como al prestar el auxilio. El peligro debe ser actual y concreto y extraordinario a la navegación marítima ordinaria. Debe constituir amenaza de pérdida o destrucción del buque y de todos sus bienes a bordo. Su existencia ha de ser objetiva, provenir de la naturaleza, el mar o la actuación del ser humano. El peligro ha de ser, pues, inminente, ya sea efectivo o previsible y de entidad suficiente como para causar la pérdida del bien salvado.

- **Resultado útil.** Implica la obtención de salvar un bien de valor patrimonial y que ello sea objeto de los servicios prestados. Si el valor salvado es mayor o menor no será óbice a la determinación del salvamento, aunque la remuneración será proporcional. El Convenio internacional sobre salvamento marítimo introduce la figura de la «compensación especial» para los actos de salvamento encaminados a proteger el medio ambiente. Aunque no haya un resultado exitoso de aquellos actos, se remunerará a la persona salvadora por los gastos que estos conlleven.

---

[25] El Convenio internacional sobre salvamento marítimo (1989) es de carácter muy amplio en cuanto al sujeto pasivo de la ayuda; sin embargo, excluye expresamente plataformas fijas o flotantes y unidades móviles de perforación mar adentro en uso, aunque se incluyen como objeto de salvamento cuando sean transportadas.

- **Nexo de causalidad.** Entre el servicio prestado y la obtención de un resultado útil.

- **Falta de negativa** expresa y razonable del buque socorrido. El artículo 3 del convenio de 1910 exige la ausencia de prohibición del asistido, esto es, que la manifestación «expresa y razonable» del socorrido eliminará el derecho a cualquier remuneración por parte de los salvadores. «Expresa» o manifestada inequívocamente por declaraciones o actos evidentes, y «razonable» en el sentido de evitar las negativas de los capitanes que pretendan eludir la posterior remuneración.

3.3   Clases de salvamento

En cuanto a los tipos de salvamento, de la casuística resultan los siguientes:

- **Salvamento obligatorio** o forzoso (actos jurídicos debidos). La obligación de este tipo de salvamento puede venir impuesta por la ley o por la autoridad pública, situación que se da básicamente en el salvamento de vidas humanas y conllevará una remuneración.

- **Salvamento contractual.** Es el salvamento previamente acordado entre los capitanes o las compañías armadoras de los buques auxiliador y socorrido.

- **Salvamento espontáneo**. En caso de no existir obligación legal o administrativa ni pacto previo, se entiendo como salvamento espontáneo, también conocido como acto jurídico unilateral de efectos patrimoniales legalmente reconocidos.

3.4   La remuneración

3.4.1   Determinación de la remuneración

El criterio principal de fijación de la remuneración es el libre acuerdo entre las partes. Ahora bien, esta resolución se puede llevar a cabo antes o después del salvamento.

La fijación previa será mediante pacto o contrato de salvamento. No obstante, como las circunstancias de urgencia y peligro podrían viciar la voluntad de este contrato, el artículo 7 del Convenio internacional sobre salvamento marítimo contempla que:

«Un contrato o cualesquiera de sus condiciones podrán anularse o modificarse si:

– en la conclusión del contrato intervino una presión indebida o se concertó bajo la influencia del peligro y sus condiciones no son equitativas, o
– el pago pactado en el contrato es excesivamente alto o excesivamente bajo en relación con los servicios efectivamente prestados».

La fijación posterior es la más habitual y se da por acuerdo de las partes o por determinación de un tribunal o árbitro.

3.4.2 Cálculo del quantum de la remuneración

A la hora de determinar la remuneración hay que tener en cuenta los criterios de fijación relativos a lo salvado y los referidos a la persona o entidad salvadora.

- Elementos relacionados con lo salvado:

  – *Naturaleza y grado del peligro corrido.* El peligro real de pérdida o graves daños se valorará casuísticamente por el tribunal, ya que no es posible establecer criterios generales al respecto. Deberá entenderse que el riesgo que corre el buque es el mismo que acontece a su carga.

    El peligro del pasaje y la tripulación no son objeto de premio, pero sí son factor probatorio del riesgo corrido en ese accidente marítimo.

  – *Valor de los bienes salvados.* El valor de la mercancía lo acordarán las partes o lo remitirán a un peritaje, y el valor del buque tomará como referencia su mercado.

- Elementos concernientes a la persona o entidad salvadora:

  – La medida del éxito logrado es el resultado obtenido a través de una comparación entre el producto final de la operación de salvamento y la situación del buque auxiliado bajo el riesgo.

  – La pericia y los esfuerzos desplegados por los salvadores para salvar el buque, otros bienes o vidas humanas. Teniendo en cuenta el tipo de operación, se valorarán los esfuerzos y mérito de los auxiliadores. De acontecer negligencia probada por parte de los salvadores, estos perderían cualquier remuneración y podrían quedar sujetos a indemnización por sus responsabilidades.

– Tiempo empleado y prontitud con que se hayan prestado los servicios: la duración temporal dedicada y la prontitud con que se preste el auxilio se tendrán en cuenta a la hora de calcular los gastos y el lucro cesante del buque salvador.

– Gastos efectuados y pérdidas sufridas por los salvadores: son los gastos, daños y perjuicios soportados por la persona o entidad salvadora y que traigan causa directa en las operaciones de auxilio. Asimismo, se considerarán los daños personales, materiales y perjuicios económicos. Todos estos menoscabos deberán quedar probados debidamente como consecuencia del salvamento.

– Disponibilidad y utilización de buques o de otros equipos destinados a operaciones de salvamento, y el grado de preparación y la eficacia del equipo del salvador, así como el valor del mismo: es el destino especial del buque que preste auxilio y la profesionalidad del personal salvador.

– Riesgos de responsabilidad y de otra clase corridos por los salvadores.

3.4.3 Distribución de la remuneración

Son acreedores de la remuneración la empresa armadora (que explota el buque sea o no propietaria) por un porcentaje de la cantidad y la dotación del buque salvador por otro o, de no haberse realizado la operación de salvamento por un buque, los sujetos auxiliadores del buque asistido.

La dotación cobrará una cantidad que quedará fijada por la ley del pabellón del buque. Por ejemplo, en España es de un tercio la naviera y de dos tercios la dotación, descontando los gastos, daños y perjuicios. Internamente se distribuye esa cantidad en proporción a los distintos sueldos.[26] Dentro de la dotación se comprenden también equipos de asesores, prácticos e incluso pasajeros que hayan cooperado eficientemente en el salvamento.

----

[26] Ejemplo de adaptación del convenio de 1910 sobre asistencia y salvamento, mediante la Ley 60/1962, de 24 de diciembre, sobre auxilios, salvamentos, hallazgos y extracciones marítimas (artículo 7).

3.5 El contrato de salvamento

Las partes interesadas podrán acordar contractualmente un servicio u operación de salvamento a cambio de una remuneración.

Internacionalmente existe un modelo contractual de salvamento conocido como *Lloyd's open form for salvage agreement* o LOF/2011, que incorpora el convenio de 1989. Este modelo estándar se impuso por primera vez a principios del siglo xx y se ha ido modificando posteriormente. Su utilización es muy habitual, pues ahorra tiempo, factor indispensable en un salvamento.

Su contenido es básico y flexible a cualquier situación. La parte auxiliadora del contrato se comprometerá a esforzarse cuanto le sea posible para salvar los bienes en peligro, y la parte auxiliada pagará una cuantía si se obtiene un resultado con éxito o se da una compensación especial.

Las controversias nacidas de la aplicación de este contrato se dirimen por los arbitrajes que el Lloyd's impone.

4 Remolque extraordinario en la mar

La distinción entre salvamento y remolque es obvia: el salvamento persigue el auxilio de un buque en peligro, mientras que el remolque desplaza a otro buque, traccionándolo. No obstante, en la práctica se producen situaciones como el remolque de un buque en peligro, que tiende a la confusión de ambas figuras.

Cada legislación nacional ha dibujado unas pautas de distinción entre salvamento y remolque, pero en líneas generales se considera salvamento la operación de remolque de un buque que se encontraba inicialmente en peligro, de modo que si el peligro sobreviene durante la operación se hablará de remolque y no de salvamento, con la excepción de que el buque remolcador haya prestado servicios excepcionales. Pero también será salvamento el remolque que durante su transcurso cubra una situación de peligro real y cierta por parte del buque remolcado, aunque no se realicen servicios extraordinarios.

No obstante, siendo las pautas anteriores poco clarificadoras en algunos casos, se ha creado una categoría híbrida de remolque: el remolque extraordinario.

Fruto de la jurisprudencia francesa y acogido por la ley española de 1962, el remolque extraordinario impone una remuneración intermedia entre lo que sería un salvamento y un remolque. Esta remuneración se fijará por acuerdo entre las partes y a falta del mismo por un tribunal o autoridad marítima, el cual ponderará la actividad remolcadora y la distancia de traslación por tracción.

5   Hallazgos en el mar

Cualquier objeto que flote sobre el mar o que haya sido arrojado en la costa encontrada por casualidad se califica de hallazgo marítimo. La persona que lo halle accidentalmente lo poseerá y custodiará.

Los objetos de hallazgos en la mar son: buques y aeronaves con sus cargamentos abandonados en la mar, y los bienes efectos de la echazón a la mar salvados rápidamente.

La norma internacional de referencia más importante sobre hallazgos en el mar es la Convención de la Unesco sobre la Protección del Patrimonio Cultural Subacuático, de 2001. Se aplica al patrimonio cultural entendido este como «los rastros de existencia humana, que tengan un carácter cultural, histórico o arqueológico, que hayan estado bajo el agua, parcial o totalmente de forma periódica o continua, por lo menos cien años».

Existen normativas aplicables a los hallazgos de carácter nacional. Así, por ejemplo, la ley española establece que la persona que lo encuentre deberá ponerlo a disposición de la autoridad marítima tan pronto como pueda. La propietaria podrá recuperar el hallazgo previo pago de los gastos que este haya ocasionado a quien lo halló y previa remuneración a esta última de un tercio de su valor. Ahora bien, en caso de que, transcurridos más de seis meses, no apareciese ninguna persona que acredite su propiedad, habiéndose anunciado legalmente el hallazgo, quien lo halló se podrá quedar la cosa siempre que su valor sea igual o inferior a 900 €, y si excede tendrá derecho a esta suma más un tercio del exceso sobre esta obtenido tras su pública subasta. La cantidad que reste de la subasta entrará en las arcas del Estado.

6   Naufragios y extracciones marítimas

El naufragio es un accidente que consiste en el hundimiento o zozobra de una cosa, por ejemplo un buque. De suceder en aguas jurisdiccionales e interiores, cada país lo regula internamente.

La extracción marítima es la recuperación de cosas perdidas, como por ejemplo, un buque. Las tareas de extracción pueden realizarse por la persona propietaria, por una persona espontáneamente o por una empresa especializada. Lo más habitual en la práctica es este último supuesto, en cuyo caso es un contrato de obra por empresa para el que se suele utilizar un contrato tipo aprobado y publicado por el Lloyd's.

A escala internacional existe el formulario emitido por la Bimco y la ISU, el *International wreck removal and marine services agreement* (Wreckhire 2010), en donde se pactan las condiciones entre las partes, entre ellos la cantidad a pagar por cada día de trabajo y otra cantidad inferior para aquellos días que la empresa contratista no ha podido trabajar por causas ajenas a su control.

7 Avería

La avería es un concepto del transporte marítimo que comprende todo gasto extraordinario efectuado durante el transcurso de la navegación, con motivo de conservar el buque y el cargamento, así como los daños que estos puedan sufrir durante la expedición marítima, causados voluntaria y conscientemente ante una situación de riesgo, siempre que no constituyan gastos ordinarios.

Las averías pueden ser:

- *Gruesas o comunes:* vienen dadas por la voluntad y contribución común de todos los interesados en el buque y en el cargamento.
- *Simples o particulares:* son involuntarias, de modo que los gastos se soportan solamente por el propietario sobre el que recae el daño o desembolso.

7.1 Avería gruesa o común

Las Reglas de York y Amberes (última modificación en 2004) definen en su regla «A» el acto de avería gruesa:

«Existe un acto de avería gruesa cuando, y solamente cuando, se ha hecho o contraído, intencionada y razonablemente, cualquier sacrificio o gasto extraordinario para la seguridad común, con el objeto de preservar de un peligro los bienes comprometidos en una aventura marítima común. [...]

»Los sacrificios y los gastos de avería gruesa serán soportados por los diversos intereses contribuyentes».

Estas reglas se acostumbran a incorporar a los conocimientos de embarque o a las pólizas de fletamento.

Un supuesto clásico de avería común es la echazón, por la que se echa al agua la carga u objetos del navío siempre que sea necesario aligerarlo para luchar contra un temporal. Su fundamento jurídico reside en la comunidad de intereses que se crea ante un riesgo común; efectivamente, el capitán decide realizar un daño o gasto en beneficio común de la expedición marítima.

Los requisitos de la avería común son: *a)* la existencia de un riesgo conocido y efectivo o, como dicen las Reglas de York y Amberes, «razonable»; *b)* el acto ha de ser voluntario, deliberado; *c)* el daño o gasto ha de conducirse a la salvación común, en un sentido amplio, no solo referido al buque y al cargamento, según las citadas reglas, aunque el régimen interno de algunos países reduce el objetivo de los daños a la salvación de buque y cargamento, y *d)* ha de lograse éxito en el acto de avería, pues si se perdiera el buque desaparecería la contribución a la avería.

Los casos más frecuentes de avería común son, tal y como recogen las mencionadas reglas, la echazón, la extinción de un incendio a bordo, la remuneración por salvamento y los daños causados a las máquinas y calderas.

7.1.1   Contribución a la avería común

Siempre que las partes no hayan acordado otra cosa, determinada una avería y cumpliendo los requisitos jurídicos y administrativos particulares del régimen interno particular, la avería deberá ser liquidada. Para liquidar una avería deberán determinarse dos factores:

- *Masa acreedora:* donde se incluyen los daños admitidos a contribución del buque, cargamento y demás gastos ocasionados.
- *Masa deudora:* que refleja los valores sujetos que se deben contribuir; a saber: buque, flete y cargamento.

Los peritos valorarán y tasarán los daños y pasarán este expediente a un liquidador de averías que lo distribuirá a las empresas afectadas.

7.2   Avería simple o particular

Es el conjunto de gastos o daños que no redundan en beneficio o utilidad común de los interesados del buque o la carga, por lo que los asumirán quienes dieron lugar al gasto o sufrieron el daño.

Son supuestos de avería particular: la arribada forzosa, el abordaje y el naufragio.

8 La contaminación marítima

La naturaleza humana ha conducido al quebrantamiento del equilibrio ecológico del planeta. La humanidad no ha tenido siempre en cuenta que su bienestar podía limitar el de sus futuras generaciones.

La especie humana necesita calor solar y aire para vivir. Todo aquello que, de modo negativo, se inmiscuya en estos dos elementos es contaminación. Fundamentalmente, los factores contaminantes son los productos químicos, las partículas (humo), las radiaciones, el calor (no emanado de la energía solar o geotérmica) y el ruido.

El reciclaje y la reutilización de los desechos –ya sean líquidos, sólidos o gaseosos– pueden evitar o reducir la contaminación. Por desgracia, estos desechos son producidos diariamente por casi todos los países. La agresión al medio ambiente, como conjunto de condiciones que influyen en el desarrollo y actividades de los organismos, alcanza a los mares, océanos y aguas interiores. Las consecuencias de la contaminación han obligado a desarrollar una legislación protectora, sancionadora y preventiva de la misma, tanto desde cada uno de los estados como a escala internacional, ya que para el ecosistema mundial no existen las fronteras políticas.

Los años sesenta del pasado siglo fueron decisivos para dar comienzo a la tarea de la protección internacional del medio ambiente.

Figura 8.1. Naufragio del buque *Svendborg Maersk*, frente a la costa atlántica de Europa, en febrero de 2014, con 10.000 contenedores.

En 1972 tuvo lugar la I Conferencia de las Naciones Unidas sobre el Medio Humano, que aprobó la Declaración del Medio Humano. Esta declaración cuenta con veintiséis principios. El principio número 7 hace referencia al mar, manifestando que: «Los estados deberán tomar todas las medidas posibles para impedir la contaminación de los mares por sustancias que puedan poner en peligro la salud de las personas, dañar los recursos vivos y la vida marina, menoscabar las posibilidades de esparcimiento o entorpecer otras utilizaciones legítimas del mar. En definitiva, los objetivos que persigue la estrategia mundial para la conservación de los recursos son: mantener los procesos ecológicos esenciales y los sistemas vitales, preservar la diversidad genética, y asegurar el aprovechamiento sostenido de las especies y los ecosistemas».

Por el contrario, desde la década de 1960, un sinfín de mareas negras provocadas por los siniestros de buques en diferentes puntos de la geografía mundial han dejado huellas devastadoras. La aparición de la contaminación lleva a la mención de sucesos como el del superpetrolero *Torrey Canyon,* que en 1967 fue un punto de partida para comenzar a reflexionar y actuar para prevenir y minimizar estos riesgos. Se trata de una tarea cuyo fin es responsabilizar e indemnizar por la comisión de estos daños, a escala nacional e internacional.

Son numerosos los convenios internacionales y normas jurídicas en materia de contaminación del medio marino, pero pueden agruparse en dos tipos: preventivo e indemnizatorio. Los convenios preventivos persiguen evitar o disminuir la contaminación. Para cumplir su objetivo debe ser la Administración pública quien imponga las normas preventivas. En el caso los indemnizatorios, el objetivo es resarcir un daño causado mediante el establecimiento de una responsabilidad civil determinada, derivada de un accidente marítimo cuyo efecto sea la contaminación.

A continuación analizaremos dos de los convenios más relevantes en materia de contaminación marítima y de su responsabilidad, impulsados por la OMI.

8.1 Convenios CLC y FUND

El International Convention on Civil Liability for Oil Pollution Damage o Convenio CLC, de 1969, fue más tarde modificado por dos protocolos, en 1976 y 1992. El Convenio del Fondo o FUND, de 1971, fue también modificado por dos protocolos en las mismas fechas que el CLC. Tras sendos protocolos ambos convenios han sido bautizados respectivamente como: Convenio internacional sobre responsabilidad civil por daños debidos a la contaminación por hidrocarburos, 1992 (CLC/92) y Convenio internacional de constitución de un fondo internacional de indemnización de daños causados por la contaminación de hidrocarburos, 1992 (FUND/92).

8.1.1   El convenio CLC

8.1.1.1   Ámbito de aplicación

El ámbito de aplicación de ambos convenios se pone en práctica siempre que se hayan producido daños de contaminación en la costa, mar territorial o zona económica exclusiva de un Estado parte. La producción del daño es la que marca la aplicación o no de los convenios, ya que si ocurre en alta mar estos no se aplican.

No se aplican más que a los buques tanque, a los que transportan hidrocarburos (crudo, aceites lubricantes, diésel o fuel) a granel, cuando este se derrame o descargue accidental o voluntariamente. Ello no implica que en el momento del accidente estén transportando estas cargas efectivamente; aunque naveguen en lastre, si contaminan, deberán someterse a lo previsto por estos acuerdos internacionales. En el caso de que un buque contamine en aguas continentales interiores no se aplicará el Convenio CLC.

8.1.1.2   Responsabilidad

El responsable civil de los daños por contaminación producidos es la empresa propietaria o la que bajo cuyo nombre esté registrado el buque en el momento del accidente. El nombre de la propietaria, que puede ser o no la armadora, es más fácil de comprobar que el de la armadora-naviera.

Esta responsabilidad es objetiva, sin tener en cuenta la culpabilidad o no respecto al accidente de contaminación producido. Esta regla, de no tener excepciones, podría rozar la injusticia en algunos supuestos, por ello rompe el principio de culpabilidad objetiva en las siguientes situaciones: *a)* fenómeno natural de carácter excepcional, inevitable e irresistible; *b)* los daños causados por acción u omisión de una tercera persona intencionadamente; *c)* los daños causados por negligencia o acto lesivo por parte de un gobierno o autoridad responsable del mantenimiento de luces y ayudas a la navegación, y *d)* el propietario puede no ser responsable, o serlo parcialmente, por los daños que sufra el que por dolo o negligencia causó el daño.

Si en un accidente de contaminación interviene más de un buque tanque, cada uno responderá de los daños que haya causado, y para aquellos daños para los que no exista la clara atribución a uno de los buques, responderán solidariamente todos los buques inmiscuidos.

El artículo 3.4 del Convenio CLC establece el carácter de exclusividad de este instrumento al decir que «... no puede efectuarse ninguna reclamación de indemnización de daños por contaminación contra el propietario salvo de acuerdo con el convenio». Quedan excluidas por este convenio la aplicación de las normas jurídicas internas, siempre que se quiera reclamar la indemnización de tales daños.

8.1.1.3   Límite de responsabilidad

Otro rasgo de exclusividad de este convenio viene dado por el interés en consolidarse como el único medio para entablar la reclamación civil por daños derivados de contaminación, persiguiendo un solo responsable: la empresa propietaria. De manera que tampoco serán de aplicación a este tipo de reclamaciones los límites generales de responsabilidad de la naviera, que plasma el Convenio internacional sobre limitación de la responsabilidad por créditos marítimos (Londres, 1976). Este convenio señala de modo expreso, en su artículo 3, los créditos exceptuados:

«Reclamaciones excluidas de la responsabilidad. Las reglas de esta Convención no se aplicarán a:
»[...] *b)* las reclamaciones por la contaminación de hidrocarburos a tenor de la Convención Internacional sobre Responsabilidad Civil por los daños causados por hidrocarburos, de 1969, o de cualquier enmienda o protocolo respectivo que entre en vigor; *c)* las reclamaciones sujetas a toda convención internacional o legislación nacional dominante o que prohíbe la limitación de la responsabilidad por daño nuclear; *d)* las reclamaciones contra el propietario de un buque nuclear por daños nucleares;[...]».

Según este convenio, las reclamaciones relacionadas con daños resultantes de la contaminación de hidrocarburos quedan exceptuadas. Ello porque el CLC/69 se ocupa expresamente de los mismos, y parte de la idea de que el Estado del *forum limitationis* tiene aprobados ambos convenios. Pero el convenio de 1976 impone una responsabilidad ilimitada por los daños de contaminación producidos en un Estado no parte del CLC/69, aunque sí sea parte del convenio de 1976. Si un Estado es parte de los dos convenios (como es el caso de España, por ejemplo) los tribunales de ese país aplicarán el CLC/69, y no el de 1976, cuando las reclamaciones deriven de los daños de contaminación por hidrocarburos.

El artículo 5 del CLC/92 establece un límite de cantidad a la reclamación a la que quede sometida la empresa propietaria. Así, se establecen varios varemos, indicando que en el caso de los buques de menos de 5.000 unidades de tonelaje (desplazamiento), la cantidad máxima que se puede reclamar es de 3.000.000 de unidades de derechos especiales de giro (DEG), a los que se añadirán 420 DEG más por cada unidad que sobrepase a las 5.000 unidades, hasta un límite de 59,7 millones de DEG. La operatividad de estos topes requiere que la propietaria deposite la suma correspondiente, o la garantía que el juez determine, ante el tribunal encargado de dirimir la reclamación del daño. La sola intención de beneficiarse de este límite obliga a la propietaria a depositar la cantidad correspondiente. Ello aun cuando no se le haya reclamado todavía suma alguna por los daños provenientes de la contaminación, acción para la cual este convenio no establece ningún término temporal. El fondo depositado indemnizará a los perjudicados por los daños de la contaminación, y de no ser suficiente se distribuirá a prorrateo en función de los daños sufridos. Evidentemente, este derecho limitativo de la responsabilidad deja de operar si existe intención o dolo eventual en la actuación del propietario.

8.1.1.4 Seguro obligatorio

El Convenio CLC/92 exige un seguro obligatorio para los buques tanque, matriculados en un Estado contratante, cuando transporten más de 2.000 toneladas de hidrocarburos a granel. Como alternativa al seguro obligatorio es posible una garantía financiera, pero en ambos casos será de la cuantía que fija el convenio, y en ambos supuestos los buques deberán obligatoriamente llevar a bordo el certificado de seguro. De no poseer este certificado, los Estados parte no permitirán el despacho de salida de los buques tanque.

Los terceros perjudicados podrán actuar contra la aseguradora con una única excepción: que la empresa propietaria del buque haya actuado dolosamente.

El artículo 5 del convenio indica que la aseguradora podrá siempre beneficiarse del límite de responsabilidad, incluso cuando la propietaria del buque asegurado haya incurrido en dolo. La cobertura de este seguro está limitada a la cifra por DEG indicada en el convenio.

8.1.2 *El convenio FUND*

8.1.2.1 Ámbito de aplicación

Este convenio es aplicable en los siguientes casos: *a)* cuando las empresas navieras o propietarias de los buques son insolventes para otorgar la indemnización perseguida por el Convenio CLC; *b)* cuando no es de aplicación el Convenio CLC, y *c)* cuando la suma límite de responsabilidad por parte de la empresa propietaria sea insuficiente para resarcir los daños.

8.1.2.2 Límite de responsabilidad

El Convenio del Fondo establecer un límite máximo de responsabilidad de 135 millones de DEG, dentro de los cuales se descuentan, en su caso, los ofrecidos por el Convenio CLC. En el caso de que tres o más estados parte reciban los efectos de la contaminación por hidrocarburos, el límite se podrá ampliar a 200 millones de DEG. Por lo tanto, la limitación de responsabilidad sería aproximadamente de 140 millones de dólares (62 millones que impone el CLC y 78 el FUND).[27]

8.1.3 Daños ecológicos

El objetivo principal de los convenios CLC y FUND es resarcir un daño proveniente de la contaminación marítima por hidrocarburos. La determinación del daño no es fácil de evaluar económicamente, pues repercute en muchos ámbitos de actividad (pesca, industria conservera o turismo, entre otros), tanto por el daño emergente como por el lucro cesante.

La responsabilidad civil-patrimonial, circunstancia por la que alguien es culpable –en sentido general– de una cosa, persigue una compensación por el daño sufrido. El fin último de la responsabilidad es, pues, devolver el estado de cosas a su situación original. El sistema jurídico actúa como cauce constrictivo, determinando quién es responsable y cómo este debe responder por el daño causado.

El quid de la cuestión recae, especialmente, sobre el daño ecológico en sentido estricto, a la hora de valorar los daños contra el ecosistema: cómo valorar la extinción de una especie marina; cómo calcular el quebrantamiento brusco del ciclo natural de todas las especies de la fauna y la flora marina en una determinada área o cómo determinar la ausencia de vida marina durante años en una zona. Los daños ecológicos no pueden reducirse a una evaluación económica.

---

[27] Estas cantidades se modificaron por los protocolos de 25 de mayo de 1984 en ambos convenios.

8.1.4 Determinación del daño y su quantum

El Convenio CLC dejaba al arbitrio de los tribunales, que en cada caso concreto dirimiesen las controversias surgidas por un accidente de contaminación, la decisión en torno a si el daño o pérdida era indemnizable y en qué cantidad. Mientras que, por otro lado, el Convenio del Fondo ha establecido progresivamente unas reglas generales para distintas situaciones, como el resarcimiento del daño emergente sufrido por personas y cosas, y los perjuicios económicos sufridos por sectores cuyo vínculo con la zona contaminada es muy estrecho. Puede parecer chocante que el Fondo internacional de indemnización de daños debidos a contaminación por hidrocarburos determine y delimite las cuantías que se deben resarcir, cuando este ente es quien resarce. Pero no se debe olvidar que no se está ante una responsabilidad civil típica, y que el juez o tribunal en cada caso deberá tener en consideración no solo los criterios del Fondo, sino también las pruebas aportadas y las alegaciones presentadas por las partes afectadas.

9 Seguridad marítima

La seguridad del buque y de la navegación se extiende a dos planos jurídicos, el nacional y el internacional.

En el ámbito nacional, cada Estado adapta los convenios internacionales con una serie de especificaciones administrativas, si bien se tiende a desarrollarlas a tenor de las pautas marcadas por la OMI.

En el ámbito internacional, la OMI ha legislado numerosos convenios internacionales sobre seguridad marítima. No obstante, merece especial mención el Convenio SOLAS 1974/7819 por ser muy genérico y estar ratificado por el 90 % de la flota mundial.

Su origen se sitúa en el conocido desastre del *Titanic,* por lo que se refiere a la seguridad de los buques mercantes. Aparece en 1914 y tras dos versiones posteriores (1929 y 1948), llega a 1960 con una reglamentación adaptada a los avances técnicos del tráfico marítimo. Todavía fue necesaria una revisión en 1974 para modificar el sistema anterior de enmiendas que impedía su entrada en vigor y otra en 1978.

Es de aplicación a todos los buques que enarbolen pabellón de uno de los estados contratantes del mismo, con las siguientes excepciones: buques militares, de madera, de pesca, de recreo, de menos de 500 toneladas de carga y los que no posean propulsión mecánica. Es decir, se aplica a grandes buques mercantes que realizan transporte internacional de mercancías.

Los estados del pabellón del buque han de controlar que las naves cumplan lo previsto por el Convenio SOLAS.

Regula aspectos de la seguridad marítima, tales como: construcción, compartimentado y estabilidad, instalaciones de máquinas y electricidad, dispositivos de salvamento, radiocomunicaciones, transportes de graneles y mercancías peligrosas, o buques rompehielos, entre otros. Asimismo, contiene la estipulación de las inspecciones periódicas según la clase de buque y los modelos certificados internacionales de seguridad.

A modo de ejemplo, el contenido de algunos de sus capítulos es el siguiente:

- El transporte de mercancías peligrosas viene tratado en su capítulo VII, que regula su clasificación, embalaje, marcado, etiquetado y rotulación. Este capítulo da lugar al Código marítimo internacional de mercancías peligrosas o Código IMDG *(International Maritime Dangerous Goods Code)*, que se adapta y revisa con frecuencia.

- El capítulo VIII, sobre los buques nucleares, se compone de doce reglas relacionadas con la instalación del reactor, protección contra las radiaciones, expediente de seguridad, manual de instrucciones, control especial, siniestros, reconocimientos y certificados. En 1981 se aprobó el Código de Seguridad para Buques Mercantes Nucleares, que es el desarrollo de este capítulo.

- El Capítulo IX, referido a la gestión de la seguridad operacional de los buques, impone la obligatoriedad del Código internacional de gestión de la seguridad operacional del buque y la prevención de la contaminación o Código IGS, que se aplica a los buques de pasaje, a los petroleros y a los buques de carga mayor a 500 toneladas de arqueo.

Los protocolos del Convenio SOLAS son dos: el primero, de 1978, se elaboró en la Conferencia sobre seguridad de los buques tanque y prevención de la contaminación y añade inspecciones fuera del programa y reconocimientos anuales obligatorios. El segundo, de 1988, conjuga este convenio con el Convenio internacional de líneas de carga y el Convenio Marpol 73/78, aunque aún no ha entrado en vigor.

Un papel importante en la seguridad del buque lo desempeñan las sociedades de clasificación, entidades privadas que certifican el estado del buque.

Logística urbana. Manual para operadores logísticos y administraciones públicas

Ignasi Ragàs

Título de transportista. Competencia profesional para el transporte de mercancías por carretera

Francisco Martín, M. Teresa Maza, María J. de la Maza

Manual del transporte en contenedor

Jaime Rodrigo de Larrucea

Manual del transporte marítimo

Agustín Montori Díez, Carlos Escribano Muñoz, Jesús Martínez Marín

Técnicas logísticas para innovar planificar y gestionar. Aurum 1

Luis Carlos Hernández Barrueco

Técnicas de mejora continua en el transporte

Lander Tolosa

Transporte en contenedor

Jaime Rodrigo de Larrucea, Ricard Marí, Álvaro Librán

Técnicas para ahorrar costos logísticos. Aurum 2

Luis Carlos Hernández Barrueco

El Convenio CMR

Francisco Sánchez-Gamborino, Alfonso Cabrera Cánovas

Transporte de mercancías por carretera. Manual de competencia profesional
José Manuel Ruiz Rodríguez

Normativa de estiba en carretera. Claves, soluciones y modelos para estibar y trincar cargas
Eva María Hernández Ramos

Gestión documental del transporte por carretera
Eva María Hernández Ramos

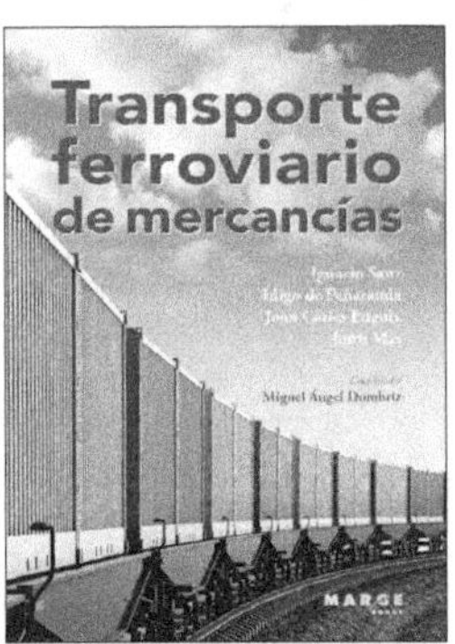

Transporte ferroviario de mercancías
Miguel Ángel Dombriz

Transporte marítimo de mercancías. Los elementos clave, los contratos y los seguros
Rosa Romero, Alfons Esteve

Manual del transporte de mercancías
Jaime Mira, David Soler

Lean Energy 4.0. Guía de Implementación
Luis Socconini, Juan Pablo Martín

Manual de prevención de riesgos laborales
Blas Gómez

Estiba y trincaje de las mercancías en contenedor
Francisco Fernández Sasiaín

València, 558 – 08026 Barcelona – Tel. +34-931 429 486 – marge@margebooks.com – www.margebooks.com

9 788416 171866